어떤 긴 문장도 5초 안에 독해가 되는 절대비법

문장이 읽히는
5초 영어 독해

박정규 *JK English* 지음

Raspberry 라즈베리

"단어나 구문을 몰라서 영어 독해가 안 된다고 생각하시나요?"

만약 그렇게 생각하신다면 여러분은 독해 실력을 절대 올릴 수 없습니다.

물론 영어 독해 실력 향상을 위해서 기본적으로 단어와 구문 이해가 중요하지만, 더욱 중요한 것은 영어 문장을 바라보는 안목과 독해의 기술입니다. 이 책은 여러분의 이러한 '안목과 기술'을 향상시키는 데 초점을 맞추고 있습니다.

제 유튜브 강의를 시청하신 구독자분들의 실제 후기를 통해 '안목과 기술'의 효과를 확인하실 수 있습니다.

"수능 영어 1등급, 미국 대학 교환학생 출신입니다. 저는 고1 때까지만 해도 영어가 너무 어려웠는데, 이 방법들을 체득한 후 독해력이 월등히 향상되었습니다. 정말 좋은 강의입니다. 꼭 체득하세요."

"어그로가 아니라 정말 도움돼서 다른 친구들은 안 봤으면 하는 생각이 들 정도입니다."

"쌤~ 진짜 정말 사랑해요♥"

"이걸 이제 보다니… 천추의 한이다."

"원래 댓글 잘 안 다는데 너무 감사해서 댓글 남겨요. 체화하면 진짜 실력 많이 오릅니다. 너무 감사드립니다."

"진짜 몸에 소름 돋았어요. 선생님 정말 진심으로 감사드립니다. 이런 강의를 무료로 들을 수 있다는 게 믿기지 않습니다. 다시 한번 진심으로 감사드립니다. 선생님 복 받으실 거예요."

"이 강의는 한마디로 정리됩니다. 명품 독해 강의!"

위 반응들은 실제로 제 유튜브의 독해 법칙 영상들에 있는 수많은 댓글 중 일부입니다. 이처럼 많은 분들이 제 영어 독해 강의에 호응해 주시는 이유는 간단합니다. 불필요한 설명 없이, 모든 문장에 적용 가능한 실전적인 독해 방법을 제시하기 때문입니다.

수능, 공무원 시험, 토익·토플 등 각종 영어 시험에서 독해는 핵심적인 비중을 차지하기에 많은 분들이 영어 독해 실력 향상을 원하십니다. 사실상 독해만 잘해도 이러한 시험들에서 좋은 성과를 거둘 수 있습니다.
하지만 대부분의 독해 강의는 실질적인 독해 방법이 아닌 보조적인 도구만을 가르칩니다. 독해 강의임에도 문법위주로 진행하면서 매번 구문을 강조합니다. 아니면 강사 혼자 해석하며 강사가 해 놓은 깔끔한 해석의 문제 풀이를 구경만 합니다. 이게 여러분의 독해 실력 향상에 무슨 도움이 될까요?
시중의 교재들은 어떨까요? 대형 서점에 진열되어 있는 독해 서적들을 살펴보면, 대부분 구문 해설서이거나 문제 풀이집에 불과합니다. 구문 학습이 독해에 도움이 되는 것은 사실이지만 기본적인 문장 연결도 어려워하는 학습자에게는 실제적인 도움을 주지는 못하며, 마구잡이식 문제풀이만으로 실력향상은 요원할 뿐입니다.

이에 저는 18년간 영어 독해를 가르치며 축적한 노하우를 바탕으로, 꼭 필요한 핵심 독해 방법만을 쉽고 정확하게 정리했습니다. 이 방법들은 최근 3~4년간 유튜브와 온라인 강의를 통해 수많은 학습자에게 검증받았습니다.
이 책을 통해 여러분은 단시간 내에 실질적인 독해 방법을 습득하실 수 있고, 더불어 그동안 달성하지 못했던 독해 실력 향상을 이룸으로써, 적은 투자로 큰 가치를 얻으실 수 있으리라 확신합니다.

CONTENTS

머리말 ··· 002

PART 1
수험생 대부분이 영어 독해를 못하는 이유

1. 영어 독해를 못하는 진짜 이유 ··· 012
2. 영어 문장이 길어지는 이유 ··· 013
3. 영어 독해를 어렵게 만드는 <6가지 장애물 덩어리> ··· 014
   - 장애물 1   접속사 ··· 014
   - 장애물 2   관계사 ··· 015
   - 참고 • 관계대명사 that과 접속사 that의 구별법 ··· 016
   - 장애물 3   전치사 ··· 017
   - 장애물 4   to부정사 ··· 018
   - 장애물 5   현재분사(v-ing) ··· 019
   - 장애물 6   과거분사(v-ed) ··· 020

PART 2
9·4 독해 법칙

1. 긴 문장을 간단하게 만들어주는
   <마법의 9가지 끊어 읽기 법칙> ··· 024
   - 끊어 읽기 법칙 1, 2, 3, 4, 5, 6
     6가지 덩어리 앞에서 끊어 읽기 ··· 025
   - 끊어 읽기 법칙 7, 8, 9
     6가지 덩어리 이외에 끊어야 할 자리 3곳 ··· 026
   - 끊어 읽기 효과 1, 2
     끊어진 문장을 통해 얻을 수 있는 효과 2가지 ··· 027
   - 연습문제 ··· 028

2. 끊은 문장을 매끄럽게 연결해주는
   <마법의 4가지 이어 읽기 법칙> ··· 032
   - 이어 읽기 법칙 1
     주어를 해석하는 <은·는·이·가 법칙> ··· 034
   - 연습문제 ··· 035

■ 이어 읽기 법칙 2
전치사를 매끄럽게 해석하는 <조사의 활용 법칙> ⋯ 036
연습문제 ⋯ 038

■ 이어 읽기 법칙 3
수식어 문장을 해석하는 <어떤 어떤 법칙> ⋯ 040
연습문제 ⋯ 042

■ 이어 읽기 법칙 4
자주 나오는 <문장 해석의 15가지 핵심 패턴> ⋯ 043

이어 읽기 법칙 핵심 패턴 ①　it ~ to v / that절> ⋯ 043
이어 읽기 법칙 핵심 패턴 ②　for 목적격 to v ⋯ 044
이어 읽기 법칙 핵심 패턴 ③　, ~ing ⋯ 045
이어 읽기 법칙 핵심 패턴 ④　as의 해석 ⋯ 046
이어 읽기 법칙 핵심 패턴 ⑤　How의 해석 ⋯ 047
이어 읽기 법칙 핵심 패턴 ⑥　as 원급 as ⋯ 048
이어 읽기 법칙 핵심 패턴 ⑦　with + 목적어 + 분사 ⋯ 049
이어 읽기 법칙 핵심 패턴 ⑧　, 명사 or 명사 ― ; : ⋯ 050
이어 읽기 법칙 핵심 패턴 ⑨　It ~ that 강조구문 ⋯ 051
이어 읽기 법칙 핵심 패턴 ⑩　find의 해석 ⋯ 052
이어 읽기 법칙 핵심 패턴 ⑪　조동사 + have p.p ⋯ 053
이어 읽기 법칙 핵심 패턴 ⑫　A and/or B 법칙 (병렬의 법칙) ⋯ 054
이어 읽기 법칙 핵심 패턴 ⑬　in ~ing, by ~ing ⋯ 055
이어 읽기 법칙 핵심 패턴 ⑭　부정어 주어 ⋯ 056
이어 읽기 법칙 핵심 패턴 ⑮　문장 맨 앞의 to부정사 ⋯ 057

PART 3
<9·4 독해 법칙>을 체화시키는 실전연습

1　난이도 하 ⋯ 060
2　난이도 중 ⋯ 072
3　난이도 상 ⋯ 088
3　선택지 해석 ⋯ 096

APPENDIX

부록1
5초 영어 독해 정답

1 PART 2 정답

<끊어 읽기 법칙> 연습문제 정답 ··· 106

<은·는·이·가 법칙> 연습문제 정답 ··· 109

<조사의 활용 법칙> 연습문제 정답 ··· 110

<어떤 어떤 법칙> 연습문제 정답 ··· 112

2 PART 3 정답

난이도 하 정답 ··· 113

난이도 중 정답 ··· 122

난이도 상 정답 ··· 138

선택지 해석 정답 ··· 146

부록2
영어 독해 5초 정리

6가지 장애물 덩어리 ··· 156

9가지 끊어 읽기 법칙 ··· 158

4가지 이어 읽기 법칙 ··· 160

1 영어 독해를 못하는 진짜 이유

2 영어 문장이 길어지는 이유

3 영어 독해를 어렵게 만드는 <6가지 장애물 덩어리>

PART 1

수험생 대부분이 영어 독해를 못하는 이유

영어 독해가 어려운 이유는 단지 문장이 길어서이다.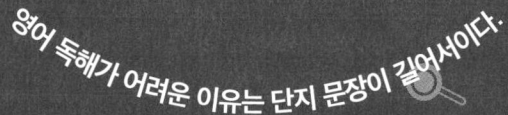

1 영어 독해를 못하는 진짜 이유

수능 영어, 공무원 영어, 토익·토플 시험 등 각종 영어 시험에서 높은 점수를 받기 위해서는 무엇보다 '영어 독해 실력'이 중요합니다.

대부분의 학생들은 '단어를 잘 몰라서' 독해를 못한다고 생각합니다. 하지만 흥미로운 점은, 이런 학생에게 복잡한 문장을 주고 "모든 단어의 뜻을 알려줄 테니 한번 해석해보세요"라고 해도 대부분이 제대로 된 해석을 하지 못한다는 것입니다.

위 사례에서 알 수 있듯이, 영어 독해를 위해서 기본적인 단어력이 필요한 것은 사실이지만, 단어를 안다고 해서 반드시 독해를 잘 할 수 있는 것은 아닙니다. 만약 영어 독해력 향상을 위한 가장 중요한 요소가 단순히 단어 암기라고 생각한다면, 어떤 시험에서도 영어 고득점을 기대하기는 어렵습니다. '단어만 외우면 된다'는 생각에 머무르는 한 영어 독해의 본질을 볼 수 없기 때문입니다.

그동안 영어 독해가 어려웠던 원인이 단어 실력 부족 때문이라고 생각했다면, 이제는 그 생각을 바꿔야 할 때입니다. 영어 독해가 어려운 진짜 이유는 바로 '문장이 길어서' 입니다. 이것이 전부입니다.

예시 문장을 하나 보겠습니다.
We can create a society.

위 문장, 어려운가요? 초등학생 정도라면 누구나 쉽게 해석할 수 있습니다. 하지만 저 단순한 문장에 여러 가지 부가 설명이 추가되면서 문장이 4~5줄로 길어진다면? 95% 이상은 제대로 된 해석을 하지 못합니다. 그러기에 우리는 영어 문장이 아무리 길어져도 '막힘없이 해석해 낼 수 있는 능력'을 배워야 합니다.

We can create a society where our children can grow up happily showing off the talents they have inherited from their parents if we do not act selfishly for our own good and observe public order well.
우리가 자신의 이익만을 위해 이기적으로 행동하지 않고 공공질서를 잘 지킨다면 우

리 아이들이 부모로부터 물려받은 재능을 행복하게 뽐내며 자랄 수 있는 사회를 만들 수 있다.

위 문장에 그다지 어려운 단어가 있지는 않습니다. 그러나 막상 해석하려 하면 쉽지 않음을 느끼실 겁니다.

영어 독해를 위해서는 단어뿐 아니라 문장을 파악하는 안목과 기술이 필요합니다. 이제부터 그것을 가르쳐 드리겠습니다.

2　영어 문장이 길어지는 이유

본격적으로 독해 법칙을 설명하기에 앞서, 왜 영어 문장이 길어지는지를 간단하게 설명하겠습니다.

영어의 모든 문장은 '주어 + 동사'라는 기본문으로 시작합니다. 이는 우리말의 '~는 ~이다', '~이 ~이다'와 같습니다. 영문법에는 1형식부터 5형식까지의 다섯 가지 기본문이 있지만 이것들은 자연스럽게 익히는 것이 효과적이므로 굳이 외울 필요는 없습니다.

긴 영어 문장은 이 기본문에 '6가지 덩어리'가 더해져 만들어집니다.

결국 문장이 길어지는 경우는 **기본문에 6가지의 덩어리가 붙어서 길어지는 것**이 전부입니다.

이 6가지를 살펴보겠습니다.

3 영어 독해를 어렵게 만드는 <6가지 장애물 덩어리>

장애물 1

접속사

접속사는 문장내에서 단어나 구, 절을 연결하는 역할을 하면서 문장의 의미를 명확히 하고, 논리적인 연결을 가능하게 해줍니다. 당연히 접속사가 붙으면 문장이 길어질 수밖에 없겠죠.

대등 접속사(and, but, or, so, for 등)는 서로 같은 중요도를 가진 요소를 연결하는 접속사입니다. 즉, 문장의 두 부분이 동등한 관계를 맺으며, 각각 독립적으로 완전한 문장이 될 수 있습니다. 반면에 종속접속사(if, when, as, while, although, though, because, that, after, before 등)는 주절과 종속절을 연결합니다. 종속절은 독립적으로 쓰일 수 없으며, 주절과 함께 의미를 완성해야 합니다.
이런 접속사들로 인해 문장이 길어집니다.

- Turn off the lights **and** close the door.
  불을 끄고 문을 닫아라.

- They decided to leave early, **for** they had a long journey ahead.
  그들은 일찍 떠나기로 했다. 왜냐하면 긴 여행이 앞에 있었기 때문이다.

- **Though** we wish to participate in the event, we do not have the necessary funds to travel to London.
  비록 우리가 그 이벤트에 참여하고 싶어 한다고 할지라도, 우리는 런던으로 여행할 필요한 자금을 가지고 있지 않다.

- Growing evidence shows **that** a continuous lack of sleep increases the risk for developing serious diseases.
  증가하는 증거는 지속적인 수면 부족이 심각한 질병에 걸릴 위험을 증가시킨다는 것을 보여준다.

관계사

관계사는 두 개의 문장을 연결하면서, 앞의 명사를 설명하는 역할을 합니다. 따라서 자연스럽게 관계사가 붙으면 문장이 길어집니다. 관계사에는 명사를 대신하여 대명사 역할을 하는 관계대명사 what, that, which, who, whose 등과, 장소・시간・방법・이유를 나타내며 부사 역할을 하는 관계부사 where, when, how, why 등이 있습니다.

- We must change **what** we believe, or revise it.
  우리는 우리가 믿는 것을 바꾸거나 수정해야 한다.

- She showed me the school **where** she studied as a child.
  그녀는 어릴 때 다녔던 학교를 나에게 보여줬다.

- There were times **when** I doubted myself and wanted to give up.
  내 자신을 의심하고 포기하고 싶었던 때가 있었다.

- Such absence of subtitles allows the audience to feel a similar sense of incomprehension and alienation **that** the character feels.
  그런 자막의 부재는 관객으로 하여금 캐릭터가 느끼는 것과 유사한 이해 못함과 이질감을 느끼게 해준다.

- That is the reason **why** she decided to leave the company and start her own business.
  그것이 그녀가 회사를 떠나 자신의 사업을 시작하기로 결심한 이유이다.

- The teacher **who** taught me in high school always encouraged students to think independently.
  고등학교에서 나를 가르쳤던 선생님은 항상 학생들이 독립적으로 사고하도록 격려하셨다.

- The book **which** you recommended to me turned out to be one of the best novels I have ever read.
  네가 나에게 추천해 준 책은 내가 지금까지 읽은 최고의 소설 중 하나로 밝혀졌다.

관계대명사 that과 접속사 that의 구별법

❶ 관계대명사 that
- ⓐ 앞에 사람이나 사물인 명사가 나옴
- ⓑ that 뒤에 '불완전한 문장'이 옴 (주어나 목적어가 빠진 문장)
- ⓒ 앞의 명사를 쉽게 설명해주는 문장을 이어주는 역할

예문 The book that I bought yesterday is interesting.
내가 어제 산 책은 재미있다.
- book이라는 사물 뒤에 that이 옴
- that 뒤의 'I bought yesterday'는 목적어가 빠진 불완전한 문장

❷ 접속사 that
- ⓐ 앞에 '말하다, 생각하다, 알다' 같은 동사가 주로 옴
- ⓑ that 뒤에 '완전한 문장'이 옴 (주어, 동사, 목적어, 보어 등이 모두 있는 문장)
- ⓒ 문장과 문장을 연결해 주는 역할로 '~라고', '~라는 것'이라고 해석

예문 I think that she is kind.
나는 그녀가 친절하다고 생각한다.
- think라는 동사 뒤에 that이 옴
- that 뒤의 'she is kind'는 주어와 동사, 보어가 모두 있는 완전한 문장

쉽게 기억하는 팁
- 관계대명사 that : 사물 / 사람 명사 + that + 불완전한 문장
- 접속사 that : 생각 / 말하기 동사 + that + 완전한 문장

장애물 3

전치사

영어 문장에서 전치사는 필수적인 요소입니다. 전치사는 명사나 대명사 앞에 위치하여 문장을 자연스럽게 연결하고 확장시키는 역할을 합니다. 한국어의 조사처럼, 영어의 전치사는 문장을 매끄럽게 이어주는 중요한 문법 요소라고 이해하시면 됩니다.

자주 사용되는 전치사로는 in, on, at, with, of, into, for, over, as, during, beyond, after, before 등이 있습니다. 이러한 전치사들의 정확한 의미와 용법을 이해하지 못하면, 문장의 의미를 잘못 해석하거나 전혀 다른 뜻으로 이해하게 됩니다.

전치사는 매우 빈번하게 사용되어 단순해 보일 수 있지만, 실제로는 많은 학습과 연습이 필요한 중요한 문법 요소입니다. 이후 챕터에서 더 자세히 다룰 예정이니 차근차근 학습해 나가시면 됩니다.

- The success percentage **for** home teams **in** the final games **of** a playoff or World Series seems to drop.
  플레이오프나 월드 시리즈의 최종전에서 홈팀의 성공률이 떨어지는 것 같다.

- He walked **through** the tunnel **under** the river **towards** the city center.
  그는 강 아래를 지나는 터널을 통해 도시 중심부로 걸어갔다.

- The painting was stored **inside** a wooden box **in** a warehouse **near** the harbor, **behind** the old factory.
  그 그림은 오래된 공장 뒤 항구 근처 창고에 있는 나무 상자 안에 보관되어 있었다.

- **During** our trip **across** Europe, we stayed **in** a charming little hotel **on** the outskirts **of** Paris, where we had breakfast every morning **with** a beautiful view of the Eiffel Tower **under** the clear blue sky.
  유럽 여행 동안, 우리는 파리 외곽에 있는 매력적인 작은 호텔에서 머물렀으며, 그곳에서 매일 아침 맑고 푸른 하늘 아래 에펠탑이 보이는 멋진 풍경과 함께 아침 식사를 했다.

- **Inside** the museum filled **with** ancient artifacts, visitors wandered **between** the glass cases, looking **at** the descriptions **on** the walls and learning **about** the history **behind** each object.
  고대 유물들로 가득 찬 박물관 안에서, 방문객들은 유리 진열장 사이를 돌아다니며 벽에 적힌 설명을 읽고 각 유물 뒤에 숨겨진 역사를 배웠다.

장애물 4

to부정사

to부정사는 문장 안에서 동사를 변형하여 명사, 형용사, 부사처럼 사용하는 문법 요소로 거의 모든 문장에 나옵니다. 그만큼 자주 나오지만 막상 실전에서는 해석하는 데 까다로움을 느끼는 부분입니다.

- Browsing is not an effective way **to reach** a goal you claim **to want to reach**.
  둘러보는 것(훑어보는 것)은 네가 도달하고 싶다고 주장하는 목표에 도달하는 효과적인 방법이 아니다.

- The primary purpose of commercial music radio broadcasting is **to deliver** an audience to a group of advertisers and sponsors.
  상업적인 음악 라디오 방송의 주된 목적은 관객을 한 그룹의 광고주와 스폰서에게 전달하는 것이다. (관객이 광고를 보게 한다는 것)

- The book is difficult **to understand** but useful **to read** for beginners.
  그 책은 이해하기 어렵지만, 초보자들이 읽기에 유용하다.

- He tried **to explain** the problem to her, only **to make** things worse.
  그는 그녀에게 문제를 설명하려고 했지만 결국 상황을 더 악화시켰다.

- She decided **to take** a year off from work **to travel** around the world, **to experience** different cultures, and **to discover** what she truly wants **to do** in life.
  그녀는 세계를 여행하고, 다양한 문화를 경험하며 자신이 진정으로 인생에서 하고 싶은 일이 무엇인지 발견하기 위해 1년간 휴직하기로 결심했다.

- They finally found a guide **to explain** the historical site and a translator **to help** with local dialects.
  그들은 유적지를 설명해줄 가이드와 지역 방언을 도와줄 통역사를 마침내 찾았다.

- She hopes **to improve** her English skills **to communicate** more effectively at work, **to travel** comfortably in foreign countries, and **to expand** her career opportunities in the future.
  그녀는 직장에서 더 효과적으로 의사소통하고 해외 여행을 편하게 다니며, 미래에 직업 기회를 넓히기 위해 영어 실력을 향상시키기를 희망한다.

현재분사 (v-ing)

현재분사는 동사 원형에 '~ing'를 붙인 형태로 문장에서 형용사로 사용되며, 어떤 행동을 하고 있는 상태를 나타냅니다. 이런 현재분사가 붙어서 문장이 길어집니다.

- Everyone else **searching** for a job has the same goal, **competing** for the same jobs.
  일자리를 찾는 다른 모든 사람들도 동일한 목표를 가지고, 같은 일자리를 두고 경쟁하고 있다.

- Norms emerge in groups as a result of people **conforming** to the behavior of others.
  다른 사람들의 행동에 사람들이 순응하는 것의 결과로 규범은 그룹에서 발생한다.

- **Walking** along the beach, **listening** to the waves **crashing** against the shore, she felt completely free.
  해변을 걸으며, 파도가 해안에 부딪치는 소리를 들으면서, 그녀는 완전히 자유로움을 느꼈다.

- He walked down the street, **thinking** about the meeting **happening** later.
  그는 길을 걸으며, 나중에 있을 회의에 대해 생각했다.

- **Feeling** exhausted after a long day at work, he lay on the couch, **staring** at the ceiling without **saying** a word.
  긴 하루 동안 일하고 난 후 지친 기분이 들어서 그는 아무 말 없이 천장을 바라보며 소파에 누웠다.

- Not **knowing** what to say, she just stood there, **watching** the raindrops **sliding** down the windowpane.
  무슨 말을 해야 할지 몰라서, 그녀는 그저 창문을 따라 미끄러져 내리는 빗방울을 바라보며 서 있었다.

- **Looking** at the old photographs **hanging** on the wall, she couldn't help but feel nostalgic about her childhood.
  벽에 걸려 있는 오래된 사진들을 바라보면서 그녀는 어린 시절을 그리워하는 감정을 억제할 수 없었다.

장애물 6

과거분사 (v-ed)

과거분사는 문장에서 어떤 동작이 끝나서 남아 있는 상태를 의미하는 형용사로 사용되며, 이러한 과거분사가 붙어서 역시 문장이 길어집니다.

- By the end of the day, that one task **completed** will have turned into many tasks **completed**.
  그날의 끝에 완성된 그 하나의 과제는 완성된 많은 과제로 바뀔 것이다.

- You might indicate a particular example **carved** into stone or **drawn** in the sand.
  너는 돌에 새겨진 또는 모래에 그려진 특정 사례를 가리킬지도 모른다.

- **Exhausted** from the long journey, **weakened** by hunger, **burdened** with heavy luggage, he barely made it to the hotel.
  긴 여행으로 지치고, 배고픔에 약해지고 무거운 짐을 짊어진 그는 가까스로 호텔에 도착했다.

- **Lost** in thought, she walked through the park **covered** in fallen leaves, **fascinated** by the beauty of the autumn scenery.
  생각에 잠긴 채, 그녀는 낙엽이 뒤덮인 공원을 걸으며 가을 풍경의 아름다움에 매료되었다.

- He was **Shocked** by the unexpected news, **left** alone in the empty house, and **confused** about what to do next, he sat quietly, **lost** in his thoughts.
  그는 예상치 못한 소식에 충격을 받고, 텅 빈 집에 홀로 남겨지며, 앞으로 무엇을 해야 할지 혼란스러운 상태에서, 조용히 앉아 생각에 잠겼다.

- **Built** over a century ago, the house, **abandoned** for years and **damaged** by storms, was finally **restored** to its original condition.
  100년 전에 지어진 그 집은 수년간 버려지고 폭풍에 의해 손상되었으나 마침내 원래 상태로 복원되었다.

PART 1에서는 학생 대부분이 독해를 못하는 이유인 긴 문장이 어떻게 만들어지는지를 살펴봤습니다.
PART 2부터는 본격적으로 이러한 긴 문장의 독해 방법을 알아보겠습니다.

---

1 긴 문장을 간단하게 만들어주는 **<마법의 9가지 끊어 읽기 법칙>**

- 끊어 읽기 법칙 1, 2, 3, 4, 5, 6 **6가지 덩어리 앞에서 끊어 읽기**
- 끊어 읽기 법칙 7, 8, 9 **6가지 덩어리 이외에 끊어야 할 자리 3곳**
- 끊어 읽기 효과 1, 2 **끊어진 문장을 통해 얻을 수 있는 효과 2가지**

---

2 끊은 문장을 매끄럽게 연결해주는 **<마법의 4가지 이어 읽기 법칙>**

- 이어 읽기 법칙 1 **주어를 해석하는 <은·는·이·가 법칙>**
- 이어 읽기 법칙 2 **전치사를 매끄럽게 해석하는 <조사의 활용 법칙>**
- 이어 읽기 법칙 3 **수식어 문장을 해석하는 <어떤 어떤 법칙>**
- 이어 읽기 법칙 4 **자주 나오는 <문장 해석의 15가지 핵심 패턴>**

PART 2

9·4 독해 법칙

복잡해진 문장을 쉽게 해석할 수 있는 유일한 방법은 바로 '끊어 읽기'와 '이어 읽기'이다.

1

긴 문장을
간단하게 만들어주는

마법의 9가지
끊어 읽기 법칙

1

끊어 읽기 법칙 1, 2, 3, 4, 5, 6

6가지 덩어리 앞에서 끊어 읽기

끊어 읽기 법칙 1	기본문(1~5형식) / **접속사**
끊어 읽기 법칙 2	기본문(1~5형식) / **관계사**
끊어 읽기 법칙 3	기본문(1~5형식) / **전치사**
끊어 읽기 법칙 4	기본문(1~5형식) / **to v**
끊어 읽기 법칙 5	기본문(1~5형식) / **현재분사 v-ing**
끊어 읽기 법칙 6	기본문(1~5형식) / **과거분사 v-ed**

> 끊어 읽기 법칙 1, 2, 3, 4, 5, 6
> 기본문(1~5형식) ⊕ (접속사) & (관계사) & (전치사) & (to v) & (현재분사 v-ing) & (과거분사 v-ed)

영어 문장을 읽을 때, 기본문 뒤에 앞서 학습한 6가지 문장 덩어리가 추가되면 문장이 복잡해지고 해석하기 어려워질 수 있습니다. 이런 복잡한 문장을 효과적으로 이해하기 위한 가장 좋은 방법이 바로 '**끊어 읽기**'입니다.

'끊어 읽기'는 앞서 배운 6가지 문장 덩어리 앞에 ' / ' 표시를 하여 긴 문장을 작은 단위로 나누어 읽는 방법입니다. 이 방법은 매우 단순해 보이지만, 문장의 구조를 명확히 파악하고 의미를 정확하게 이해하는 데 큰 도움이 됩니다. 특히 복잡한 영어 문장을 해석할 때 매우 효과적인 학습 방법입니다.

2

끊어 읽기 법칙 7, 8, 9

6가지 덩어리 이외에 끊어야 할 자리 3곳

끊어 읽기 법칙 7	명사 / 주어 ⊕ 동사
끊어 읽기 법칙 8	동사 / 주어 ⊕ 동사
끊어 읽기 법칙 9	주어 ~~~~ / 동사

앞서 말한 기본문에 6가지 덩어리가 붙는 경우, 그 6가지 덩어리 앞에서 끊어주는 것을 제외하고, 끊어야 하는 자리가 3곳 더 있습니다.

끊어 읽기 법칙 7
명사 / 주어 ⊕ 동사
주어 앞에 관계사가 생략되어 있어서 끊어줍니다.

* 관계사가 생략되어 있다는 걸 몰라도 상관없습니다. 다만 명사 뒤에 주어 + 동사가 나오는 패턴에서는 뒤에 주어 + 동사가 앞에 있는 명사를 수식해준다는 기본적인 사실만 알고 있으면 됩니다.

- I still keep the necklace / he made. 목적격 관계사 which 생략
  나는 여전히 목걸이를 간직하고 있다   그가 만들어줬던

끊어 읽기 법칙 8
동사 / 주어 ⊕ 동사
주어 앞에 접속사가 생략되어 있어서 끊어줍니다.

- She believes / he is the right person. 접속사 that 생략
  그녀는 믿는다   그가 바른 사람이라고

끊어 읽기 법칙 9
주어 ~~~~ / 동사
주어와 동사가 멀리 떨어져 있을 때 동사 앞에서 끊어줍니다.

참고 주어와 동사가 멀리 떨어져 있는 경우는 원칙적으로 끊어 읽는 것으로 다루고 있지만, 본인 실력에 맞게 유연하게 끊으면 됩니다. 끊지 않는 것이 편하면 안 끊어도 되고 끊는 것이 편하면 끊으면 됩니다.

- **The harmful effects** of animals on tourism experiences / **has** been the subject of analysis in a small number of studies.

  동물이 관광 경험에 미치는 해로운 영향은 소수의 연구들에서 분석의 대상이 되어왔다.

이렇게 원칙적으로 총 9가지 끊어 읽기 방법이 있습니다. 길어진 문장을 9가지 원칙으로 끊어주면 문장이 매우 간단해집니다. 이제 여러분은 간단해진 문장을 '자연스럽게' 이어주기만 하면 됩니다.

3

끊어 읽기 효과 1, 2

끊어진 문장을 통해 얻을 수 있는 효과 2가지

끊어 읽기 효과 1

복잡한 영어 문장을 의미 단위로 나누어 읽음으로써, 전체적인 문장 구조를 한눈에 이해할 수 있게 됩니다.

끊어 읽기 효과 2

설령 모르는 단어가 나온다고 하더라도, 문장 구조가 단순화 되어 있기 때문에, 전체적인 맥락을 통해 모르는 단어의 뜻을 유추해 낼 수도 있습니다.

•••

앞으로도 이야기하겠지만 끊어 읽기의 핵심은 끊기에 있는 게 아니라 **매끄럽게 연결**하는 것에 있습니다.

그러므로 무조건 9가지에서 끊겠다가 아니라 '난 이 문장에서 전치사는 한 번에 매끄럽게 연결되니 그냥 끊지 않고 한 번에 갈 거야.'처럼 끊지 않고 한 번에 가는 게 매끄러운 부분들은 그렇게 하면 됩니다. 즉 나의 독해 실력에 맞게 유연하게 적용하는 겁니다. 다만 끊어야 하는 경우는 위에서 말한 9가지의 경우에만 끊어야 합니다. 그 이외의 곳에서 맘대로 끊으면 독해가 더 어려워집니다.

PRACTICE

연습문제

다음 문장들을 <마법의 9가지 끊어 읽기 법칙>을 바탕으로 올바르게 끊어보세요. (우선 해석은 신경 쓰지 마시고 끊는 부분에만 집중해보세요.)

정답 p.106

❶ Pursuing perfection at work causes conflicts among team members.

❷ If we only go where we feel confident, then confidence never expands beyond that.

❸ These conflicts are greatly determined by the community to which one migrates.

4 The primary purpose of commercial music radio broadcasting is to deliver an audience to a group of advertisers and sponsors.

_____

5 The shift from analog to digital technology significantly influenced how music was produced.

_____

6 Fiction helps portray everyday situations, feelings, and atmosphere that recreats the historical context.

_____

7 For most people, the word stereotype arouses negative connotations: it implies a negative bias.

_____

8 Children now learn from a picture book that words and illustrations complement and enhance each other.

_____

⑨ Norms emerge in groups as a result of people conforming to the behavior of others.

⑩ Each actor belonging to a specific economic class understands what the other sees as a necessity and a luxury.

⑪ For those of any age with an existing network of friendships built up in the three-dimensional world, social networking sites can be a happy extension of communication, along with email, video calls, or phone calls, when face-to-face time together just isn't possible.

⑫ Moreover, much of what we now see as precise matches between an organism and its environment may equally be seen as constraints: koala bears live successfully on Eucalyptus foliage, but, from another perspective, koala bears cannot live without Eucalyptus foliage.
*foliage 나뭇잎

⑬ This 'creativity' does not refer to the ability to write poetry or novels but rather the ability to produce and understand an unlimited set of new sentences never spoken or heard previously.

⑭ The harmful effects of animals on tourism experiences have been the subject of analysis in a small number of studies, but deaths or injuries caused by animals to tourists are tiny in comparison to other causes such as drowning and vehicular accidents.

⑮ When you apply for a job or college or medical school, make sure you interview on a sunny day, because interviewers tend to rate applicants more negatively when it is rainy.

2

끊은 문장을
매끄럽게 연결해주는

마법의 4가지
이어 읽기 법칙

끊어 읽기 연습은 충분히 해보셨나요?
끊어 읽기는 기초가 없는 학생들도 약간의 연습만으로 쉽게 익힐 수 있는 기술입니다.
하지만 이 단계에 도달하면 많은 학생들이 다음과 같은 고민을 하게 됩니다.
"선생님, 저는 끊어 읽기는 잘하는데 왜 독해가 안 될까요?"

이것은 매우 자연스러운 현상입니다.
끊어 읽기는 영어 독해의 출발점일 뿐, 그것만으로는 완전한 독해가 이루어지지 않습니다.
이 시점에서 가장 중요한 것은 끊어 읽은 문장들을 자연스럽게 연결해 하나의 의미 흐름으로 만드는 능력을 기르는 것입니다.
여기서 말하는 '자연스러운 연결'이란, 여러분이 해석한 내용을 다른 사람이 들었을 때 쉽게 이해하고 공감할 수 있는 수준의 해석을 말합니다.
만약 이러한 연결이 제대로 이루어지지 않는다면, 여러분의 독해는 단어의 나열이나 직감에 의존한 모호한 해석에 머물게 됩니다.
결과적으로, 이는 실전 시험에서 높은 점수를 얻기 어렵게 만드는 원인이 될 수 있습니다.

이제 여러분에게, 끊어 읽은 문장을 자연스럽게 연결하여 하나의 완성된 의미로 독해하는 핵심 법칙들을 소개해 드리겠습니다.
이 내용은 영어 독해의 핵심이 되는 매우 중요한 부분이므로, 반드시 확실히 익히고 넘어가시기 바랍니다.

1

이어 읽기 법칙 1

주어를 해석하는
<은·는·이·가 법칙>

영어 문장의 주어 해석에는 우리말의 조사 '은·는'과 '이·가'를 적절히 활용해야 합니다. 이때 문장의 종류에 따라 다음과 같은 규칙을 적용합니다.

접속사나 관계사가 없는 문장의 주어 (주절)	⊖ '은·는'으로 해석
접속사나 관계사가 이끄는 문장의 주어 (종속절)	⊖ '이·가'로 해석

예문을 통해 살펴보겠습니다.

- Organisms only learn when events violate their expectations.

먼저 끊어 읽기를 해보면

- Organisms only learn / when events violate their expectations.
           주절   종속절

이를 해석할 때 주절의 주어와 종속절의 주어를 구분하여 적절한 조사를 사용해야 합니다.

부자연스러운 해석 사건들은 그들의 기대를 저버릴 때 유기체가 단지 배운다.
자연스러운 해석 사건들이 그들의 기대를 저버릴 때 유기체는 단지 배운다.

이러한 '은·는·이·가 법칙'은 영어 독해의 기초가 되는 매우 중요한 원칙입니다. 물론 타고난 언어 감각이 뛰어난 학생들은 이 법칙을 배우지 않아도 자연스럽게 적용할 수 있습니다. 하지만 대부분의 학생들에게는 이 원칙을 의식적으로 학습하고 연습하는 과정이 필요합니다.

이는 마치 젓가락질을 배우는 것과 같습니다. 처음에는 어색하고 실수도 많이 하지만, 꾸준한 연습을 통해 자연스럽게 익힐 수 있습니다. '은·는·이·가 법칙' 역시 처음에는 의식적인 노력이 필요하지만, 충분한 연습을 통해 자연스럽게 적용할 수 있게 됩니다. 결국 이 과정을 거치면, 더 이상 의식하지 않아도 영어 문장을 매끄럽게 이해하고 해석할 수 있게 될 것입니다.

PRACTICE

연습문제

<은·는·이·가 법칙>을 참고하여 문장을 해석해보세요.

정답 p.109

❶ You will have your local slang that you use in your school or in your town.

❷ If the company can get government approval for a trial project, test runs could begin by the end of 2011.

❸ Newborn babies cannot express experiences or emotions in the form of words or symbols that others can understand.

❹ People have a tendency to adopt the attitudes of those they spend time with.

❺ They wrote guidelines suggesting that patients with mild blood pressure elevation take medicine.

2 이어 읽기 법칙 2
전치사를 매끄럽게 해석하는
<조사의 활용 법칙>

<은·는·이·가 법칙>과 더불어 끊은 문장을 매끄럽게 연결하는 또 하나의 방법은, 우리말의 조사 역할을 하는 '전치사'를 매끄럽게 연결하는 것입니다. 전치사를 매끄럽게 연결하기 위해선, 가장 먼저 전치사가 각 문장에서 어떻게 쓰이는지에 대한 배경지식이 필요합니다.

전치사가 중요한 이유는 시험 영어에서 정말 중요한 선택지가 거의 전치사로 이루어져 있기 때문입니다. 그러므로 전치사가 들어가 있는 문장이 매끄럽게 해석되지 않으면 선택지가 매끄럽게 해석될 수가 없고 이건 바로 낮은 점수로 직결됩니다.

❶	of	~의 (보통 '뒤의 것의 앞의 것')
❷	to	~에, ~에게, ~으로
❸	as	~로써, ~처럼
❹	in	~에, ~안에
❺	at	~에
❻	for	~위해, ~대해, ~동안
❼	from	~로 부터
❽	with	~와 함께, ~을 가지고
❾	on	~에, ~위에, ~에 관하여
❿	by	~에 의해, ~까지
⓫	over	~에 관한, ~위로, ~를 넘어, ~동안, ~보다

- Obstacles to Chimps in Assigning Roles for Group Hunting
- Roles of Baroque artists in stabilizing the disrupted society

단어를 알려드릴 테니 위 문장을 해석해보세요.

- obstacles 장애
- assign 배정하다
- disrupt 혼란스럽게 하다
- stabilize 안정화시키다
- role 역할

아마 이 글을 읽고 계신 분 중 많은 분이 위의 단어를 다 알아도 문장을 자연스럽게 해석하는 데 어려움을 느끼실 겁니다.

끊으면 이렇게 되죠?
(of는 '뒤의 것의 앞의 것'이란 뜻으로 안 끊는 게 편할 때가 많습니다.)

- Obstacles / to Chimps / in Assigning Roles / for Group Hunting
  장애   침팬지에   역할을 배정하는 데   그룹사냥을 위한
  그룹사냥을 위한 역할을 배정하는 데 (있어서) 침팬지에 장애

- Roles of Baroque artists / in stabilizing the disrupted society
  바로크 화가들의 역할   혼란스러운 사회를 안정화 시키는 데에
  혼란스러운 사회를 안정화 시키는 데 (있어서) 바로크 화가들의 역할

(괄호) 안의 말들은 문장을 매끄럽게 연결하기 위해서 살짝 추가한 말들입니다. 전치사가 있는 문장들을 꾸준히 연습하시면 체화되실 겁니다.

PRACTICE

연습문제

주어진 문장을 <조사의 활용 법칙>을 응용하여 해석해보세요.

정답 p.110

① value of acquiring scientific knowledge through trial and error

② necessity of various perspectives in practicing science

③ benefits of building good relationships among scientists

④ curiosity as a key factor in designing experiments

⑤ importance of specialization in scientific research

6 If you are learning **for** yourself and **for** others, you will put much more effort and energy **into** the learning process.

7 Pursuing perfection **at** work causes conflicts **among** team members.

8 Every day an enormous amount of energy is created **by** the movement **of** people and animals, and **by** interactions **of** people **with** their immediate surroundings.

9 She was affected **by** the news **on** sudden death **of** her friend.

10 Knowing a second foreign language may act **as** a differentiator **on** the labor market **from** the standpoint **of** the employee.

11 Researchers found that lights **from** roads and hotels **along** the beaches discourage female turtles **from** laying eggs.

3

이어 읽기 법칙 3

수식어 문장을 해석하는
<어떤 어떤 법칙>

영어 문장은 말하고자 하는 내용, 즉 결론이 앞쪽에 나옵니다. 우리말과 다른 구조이지요. 만약 영어 문장이 3~4줄이라고 한다면, 핵심 문장은 1줄, 혹은 길어야 2줄에 불과하고 나머지는 말꼬리를 잡고 늘어지는 수식어에 불과합니다.

여러분의 이해를 돕기 위해 예시 문장을 보여드리겠습니다.

- I like a woman.

위 문장의 결론, 즉 핵심은 무엇일까요? 그냥 문장 자체가 핵심입니다. 그런데 이 문장에 수식어를 달아서 말꼬리를 잡고 늘어져 볼까요?

- I like a woman / who has lived next door / since I was in high school.

이렇게 길어진 문장을 해석할 때는 속으로 '**어떤, 어떤, 어떤**'을 질문하면서 해석을 하면 아무리 긴 문장이라 하더라도 매끄럽게 해석이 됩니다.

나는 한 여자를 좋아한다. **어떤 여자?** 옆집에 살았던

예시 문장을 하나 더 보겠습니다.

- By concealing the circumstances of their decisions, rulers cultivated a special aura.
  그들의 결정의 상황을 숨김으로써, 통치자들은 특별한 분위기를 만들었다.

위 문장도 말꼬리를 잡아서 늘려보겠습니다.

- By concealing the circumstances of their decisions, rulers cultivated a special aura that set them apart from ordinary people.

이 문장 역시 속으로 '**어떤?**'을 되뇌이며 해석합니다.

그들의 결정의 상황을 숨김으로써, 통치자들은 특별한 분위기를 만들었다.
어떤 분위기? 그들을 평범한 사람과 분리했던 분위기.

이처럼 영어 문장의 특징 중 하나는 뒤의 것이 앞의 것을 꾸며 주면서 문장이 길어진다는 겁니다. 즉, 앞에 있는 것을 뒤에 있는 관계사, 전치사, 분사, to부정사 등이 꾸며 주면서 말꼬리를 잡고 늘어지듯이 문장이 길어집니다.
영어 문장을 읽을 때 '어떤 무엇, 어떤 무엇' 하는 식으로 앞의 것을 뒤의 것이 설명해 주는 구조임을 기억하며 독해하시길 바랍니다.

PRACTICE

연습문제 주어진 문장을 <어떤 어떤 법칙>을 활용하여 해석해보세요.

정답 p.112

❶ You will have your local slang that you use in your school or in your town.

❷ We own a lot of electronic devices that are designed to make our lives easier.

❸ There seems to be only one adequate way to overcome the failure of love.

❹ People have a tendency to adopt the attitudes of those they spend time with.

❺ They wrote guidelines suggesting that patients with mild blood pressure elevation take medicine.

4

이어 읽기 법칙 4

자주 나오는
<문장 해석의 15가지 핵심 패턴>

이어 읽기 핵심 패턴 1

it ~ to v / that절

it이 나온 후에 to부정사나 that절이 오면 대체로 it은 해석하지 않습니다.
즉, it을 '그것은'이라고 우리말로 옮기지 않습니다. 매우 기본적인 부분이니 철저히 숙지 바랍니다.

it ~ to v / that절	it 뒤에 to부정사나 that절이 와서, it이 가주어 · 가목적어로 쓰이는 경우 **it은 해석하지 않는다**

- **It** is a human trait **to try** to define and classify the things we find in the world.
  우리가 세상에서 발견하는 물건들을 정의하고 분류하려고 노력하는 것은 인간의 특성이다.

- With the knowledge about DNA, **it** will be possible **to cure** cancer and other diseases, prevent birth defects and grow new body parts.
  DNA에 대한 지식을 가지고, 암과 다른 질병들을 치료하고 선천적 결함을 예방하고 새로운 몸의 부분들을 성장시키는 것이 가능할 것이다.

- **It** seems **that** the worlds of contemporary art and music have failed to offer people works that reflect human achievements.
  현대 미술과 음악의 세계가 인간의 성취를 반영하는 작품들을 사람들에게 제공하는 데 실패한 것처럼 보인다.

- We thought **it** strange **that** he left without saying a word.
  우리는 그가 한마디도 하지 않고 떠난 것이 이상하다고 생각했다.

이어 읽기 핵심 패턴 2

for 목적격 to v - to부정사 앞에 for 목적격 (for them, for my sister…)

for 때문에 '~에 대해서'로 해석하기 쉬운데, 위 패턴에선 주어처럼 '이·가'로 해석해야 합니다.

for 목적격 to v	for 목적격을 '~에 대해서'가 아닌, **주어처럼 '이·가'로 해석**

- It is easy **for me to learn** English.
  내가 영어를 배우는 것은 쉽다.

- It was strange **for them to leave** without saying goodbye.
  그들이 작별 인사도 없이 떠난 것은 이상했다.

- The best way **for you to improve** your English is to practice every day.
  네가 영어 실력을 향상하는 가장 좋은 방법은 매일 연습하는 것이다.

- The only way **for them to win** the game is to work as a team.
  그들이 경기를 이기는 유일한 방법은 팀워크를 발휘하는 것이다.

- It is not always easy **for people to realize** how much their small actions can affect others.
  사람들이 자신의 작은 행동이 다른 사람들에게 얼마나 영향을 미칠 수 있는지 깨닫는 것은 항상 쉬운 일이 아니다.

- It would have been impossible **for us to complete** the project on time if we hadn't received help from our colleagues.
  동료들의 도움을 받지 않았다면 우리가 프로젝트를 제시간에 끝내는 것은 불가능했을 것이다.

- It was necessary **for the teacher to explain** the instructions several times before the students fully understood them.
  학생들이 완전히 이해하기 전에 교사가 지시 사항을 여러 번 설명하는 것이 필요했다.

이어 읽기 핵심 패턴 3

, ~ing - 콤마(,) 뒤의 ~ing 형태

위 패턴은 '~하면서'라고 해석하면, 90% 이상의 경우에서 해석이 됩니다.

, ing	'~하면서'라고 해석

- I am saving money hard, **waiting** for my vacation.
  나는 돈을 열심히 저축하고 있다, 나의 휴가를 기다리면서.

- The man left the house, **whistling** a happy tune.
  그 남자는 신나는 곡을 휘파람 불면서 집을 떠났다.

- She walked into the room, **smiling** brightly.
  그녀는 환하게 웃으면서 방에 들어왔다.

- They left the house, **laughing and chatting**.
  그들은 웃고 이야기하면서 집을 떠났다.

- He stood near the window, **watching** the rain fall, **wondering** whether he should call her or not.
  그는 비가 내리는 것을 바라보며, 그녀에게 전화를 해야 할지 고민하며 창가에 서 있었다.

- THe stood at the edge of the cliff, **staring** into the distance, **breathing** slowly, **thinking** about what he had left behind.
  그는 절벽 끝에 서서, 멀리를 응시하면서, 천천히 숨을 쉬며, 자신이 두고 온 것들을 떠올리고 있었다.

- She walked through the market, **holding** a shopping bag, **scanning** the stalls, **ignoring** the noise around her.
  그녀는 쇼핑백을 들고, 가판대를 훑어보며, 주변의 소음을 무시하면서 시장을 지나갔다.

이어 읽기 핵심 패턴 4

as의 해석

as는 매우 많은 뜻으로 사용되지만 보통 아래 4가지로 해석하면 대부분 매끄럽게 넘어갈 수 있습니다.

as (접속사) + 주어 + 동사	ⓐ ~때문에 ⓑ ~할 때

- I got this result **as I wasn't** diligent.
  내가 부지런하지 못했기 때문에 나는 이 결과를 받았다.

- **As she had** never tried sushi before, she was hesitant to order it at the restaurant.
  그녀는 전에 초밥을 먹어본 적이 없었기 때문에 식당에서 그것을 주문하는 것을 망설였다.

- I saw him **as he was** leaving the building.
  그가 건물을 떠날 때 나는 그를 보았다.

- **As I was** leaving the house, I realized I had forgotten my phone.
  내가 집을 떠날 때, 나는 내 휴대폰을 두고 온 것을 깨달았다.

as (전치사) + 명사	ⓒ ~로서 ⓓ ~처럼

- **As a beginner**, you have to learn harder.
  초보자로서 너는 더 열심히 배워야 한다.

- **As an experienced engineer**, he was given the responsibility of leading the project.
  경험 많은 엔지니어로서, 그는 프로젝트를 이끄는 책임을 맡았다.

- She speaks **as a native speaker**.
  그녀는 원어민처럼 말한다.

- He spoke **as a child** might, full of wonder.
  그는 아이처럼 말했다. 경이로움으로 가득 차서.

이어 읽기 핵심 패턴 5

How의 해석

생각보다 많은 학생이 how를 해석 못하거나 한 가지의 뜻만으로 해석합니다. how는 두 가지만 알면 됩니다.

ⓐ how ⊕ 명사 or 대명사	how를 '**어떻게**'로 해석

- I don't know **how I** got home.
  나는 내가 어떻게 집에 도착했는지 모른다.

- They discussed **how the economy** affects job opportunities.
  그들은 경제가 일자리 기회에 어떻게 영향을 미치는지 논의했다.

- She carefully observed **how the artist** mixed colors to create such a unique painting.
  그녀는 그 화가가 그러한 독특한 그림을 만들기 위해 색을 어떻게 섞는지를 면밀히 관찰했다.

ⓑ how ⊕ 형용사 or 부사	how를 '**얼마나**'로 해석

- Do you know **how long** I've been waiting for you?
  너는 내가 얼마나 오래 너를 기다렸는지 아니?

- They discussed **how seriously** the problem should be taken.
  그들은 그 문제가 얼마나 심각하게 다뤄져야 하는지 논의했다.

- I never understood **how difficult** learning a new language could be until I tried it myself.
  나는 직접 시도해 보기 전까지 새로운 언어를 배우는 것이 얼마나 어려울 수 있는지를 전혀 이해하지 못했다.

이어 읽기 핵심 패턴 6

as 원급 as

as ~ as 구문은 보통 '~만큼 ~한'이라는 동등 비교의 의미로 쓰입니다. as와 as가 가까이 붙어 있으면 어렵지 않지만, 두 as가 문장 안에서 멀리 떨어져 있는 경우에는 해석하기 어려운 문장이 되곤 합니다. 따라서 as ~ as 구조를 볼 때는 앞의 as는 해석하지 않고, 뒤의 as만 '~처럼', '~만큼'으로 이해하면 문장이 더 쉽게 해석됩니다.

as 원급 as	앞의 as는 해석하지 말고 뒤의 as만 '~처럼, ~만큼'이라고 해석

- The hotel was not **as** expensive **as** I expected.
  그 호텔은 내가 예상했던 것만큼 비싸지는 않았다.

- The movie wasn't **as** exciting and well-paced **as** the book.
  그 영화는 책만큼 흥미롭고 속도감 있게 전개되지 않았다.

- The new policy isn't **as** effective in reducing pollution **as** the previous regulations.
  새로운 정책은 이전 규정만큼 오염을 줄이는 데 효과적이지 않다.

- You should know that stimulants are **as** likely to have negative effects on memory **as** they are to be beneficial.
  너는 자극제가 이로운 만큼 기억에 부정적 영향을 미칠 것이라는 것을 알아야 한다.

- The hotel didn't look **as** luxurious, even though it was advertised as a five-star resort with top-tier amenities and breathtaking ocean views, **as** it had appeared in the pictures.
  최고급 편의 시설과 숨 막히는 바다 전망을 갖춘 5성급 리조트로 광고되었음에도 불구하고, 그 호텔은 사진에서 보였던 것만큼 럭셔리하게 보이지 않았다.

- His explanation wasn't **as** clear, with his frequent pauses and lack of good examples, **as** I had expected.
  그의 설명은 자주 멈추고 적절한 예시가 부족해서, 내가 기대했던 것만큼 명확하지 않았다.

이어 읽기 핵심 패턴 7

with + 목적어 + 분사

with + 목적어 + 분사 패턴은 '목적어가 ~하면서 or ~한 상태로'로 해석합니다.

with + 목적어 + 분사	목적어가 **~하면서** or **~한 상태로**

- I waited for her outside in the cold weather **with arms crossed**. 팔이 크로스 된 채로
  나는 추운 날씨에 팔짱을 끼고서 밖에서 그녀를 기다렸다.

- She lay still, **with her eyes closed**.
  그녀는 그녀의 눈이 감긴 채로 가만히 누워 있었다.

- She entered the room **with her heart pounding**.
  그녀는 심장이 두근거리는 상태로 방에 들어갔다.

- **With so many people moving** to the city, many farmers need help, especially in the fall.
  아주 많은 사람들이 도시로 이주하면서, 많은 농부들은 특히 가을에 도움이 필요하다.

- The students listened to the lecture **with their textbooks opened** to the right page, taking notes as the professor spoke.
  학생들은 교과서가 올바른 페이지로 펼쳐진 채로 교수의 강의를 들으면서 필기했다.

- She sat in the café **with her phone placed** on the table, waiting for an important call.
  그녀는 휴대전화가 테이블 위에 놓인 채로 중요한 전화를 기다리면서 카페에 앉아 있었다.

이어 읽기 핵심 패턴 8

, 명사 or 명사 — ; :

콤마 뒤에 명사가 오거나, 명사 뒤에 — : ; 이런 기호들이 나올 땐 앞의 부분을 부연 설명해주는 역할을 합니다. 그래서 위 패턴은 95%의 경우에서 '즉 ~무엇 무엇'이라고 해석하면 됩니다.

, 명사 or 명사 — ; :	즉, ~무엇 무엇

- She handled the crisis well**, a sign** of her strong leadership.
  그녀는 위기를 잘 해결했는데, 즉 그녀의 강한 리더십을 보여주는 신호였다.

- Every species has certain climatic **requirements —** what degree of heat or cold it can endure, for example.
  모든 종은 특정 기후 요구 사항을 가진다. 즉, 예를 들어 어느 정도의 열이나 추위를 그것이 견딜 수 있는지.

- Highly successful athletes don't win because of better **equipment;** they win by facing hardship to gain strength and skill.
  상당히 성공한 운동선수들은 더 좋은 장비 때문에 이기는 것이 아니다. 즉, 그들은 힘과 기술을 얻기 위해 고난을 마주함으로써 이긴다.

- The decision was **final:** they would not negotiate anymore.
  결정은 최종적이었다. 즉, 그들은 더 이상 협상하지 않을 것이다.

- Her favorite book**, a novel** that she had read multiple times since high school, was still sitting on the bedside table.
  그녀가 가장 좋아하는 책, 즉, 고등학교 때부터 여러 번 읽었던 그 소설은 여전히 침대 옆 테이블 위에 놓여 있었다.

이어 읽기 핵심 패턴 9

It ~ that 강조구문

강조하고자 하는 부분이 It과 that 사이에 들어가서, 보통 명사, 대명사, 전치사구 문장을 강조합니다.

해석은 'that 이하한 것은 바로 ~이다'라고 해석하면 됩니다.

It ~ that 강조구문	that 이하 한 것은 바로 ~이다

- I am responsible for that.
  나는 그것에 대해 책임이 있다.

⊖ **It** is I **that** am responsible for that. 대명사 강조
  그것에 대해 책임이 있는 것은 바로 나이다.

- They believed that they fought for freedom.
  그들은 그들이 자유를 위해 싸웠다고 믿었다.

⊖ They believed that **it** was freedom **that** they fought for. 명사 강조
  그들은 그들이 싸웠던 건 바로 자유를 위한 것이었다고 믿었다.

- They had a serious discussion about the project last night.
  그들은 어젯밤 그 프로젝트에 대해 진지한 논의를 했다.

⊖ **It** was about the project **that** they had a serious discussion last night. 전치사구 강조
  그들이 어젯밤 진지한 논의를 한 것은 바로 그 프로젝트에 대해서였다.

이어 읽기 핵심 패턴 10

find의 해석

고등 단계 이상에서는 '찾다'보다는 '알다' 혹은 '생각하다'로 해석되는 경우가 많습니다.

find의 해석	알다, 생각하다

- I **find** that you could have gotten better grades.
  나는 네가 더 좋은 성적을 받을 수 있었다는 것을 안다.

- He **found** himself in a difficult situation.
  그는 자신이 어려운 상황에 처해 있음을 알았다.

- She **found** it surprising that he won the competition.
  그녀는 그가 대회에서 우승한 것이 놀랍다고 생각했다.

- The reason people **find** it so hard to be happy is that they always see the past better than it was, the present worse than it is, and the future finer than it will be.
  사람들이 행복해지는 것을 아주 어렵다고 생각하는 이유는 그들이 항상 과거를 있는 그대로보다 더 좋게 보고, 현재를 있는 그대로보다 더 나쁘게 보고, 미래를 있는 그대로보다 더 좋게 보기 때문이다.

- They **found** it strange that the store was completely empty even though it was the middle of the afternoon.
  그들은 한낮임에도 불구하고 가게가 완전히 텅 비어 있다는 것이 이상하다고 생각했다.

- I **found** myself wondering how time had passed so quickly while we were talking.
  나는 우리가 이야기하는 동안 시간이 그렇게 빨리 지나갔다는 사실을 스스로 궁금해하고 있음을 알았다.

이어 읽기 핵심 패턴 11

조동사 + have p.p

과거 사실의 추측이나 후회 등으로 쓰입니다. 뉘앙스가 완전히 달라지기 때문에, 독해를 잘하는 학생들도 잘못 해석하는 경우가 많습니다.
따라서 특별히 주의하도록 합니다.

may have p.p	~했을지도 모른다
must have p.p	~했음에 틀림없다
should have p.p	~했어야 했는데 (후회, 비판)
could have p.p	~할 수도 있었는데 (기회 중심, 선택의 문제)
would have p.p	~했을 텐데 (결과 중심, 상황의 문제)
cannot have p.p	~했을 리가 없다

- I suppose she **may have been** in the bath.
  나는 그녀가 목욕 중이었을지도 모른다고 생각한다.

- She left without saying goodbye, so something **must have upset** her during the conversation.
  그녀가 작별 인사도 없이 떠난 걸 보니, 대화 중 무언가가 그녀를 불쾌하게 했던 게 틀림없다.

- I **should have apologized** to him before his death.
  나는 그의 죽음 이전에 그에게 사과했어야 했다.

- I **could have gone** to the party, but I didn't feel like it.
  파티에 갈 수는 있었지만, 가고 싶은 마음이 안 들었다.
  (기회는 있었지만, 내가 택하지 않은 것)

- I **would have gone** to the party, but I was sick.
  아프지만 않았으면 파티에 갔을 텐데.
  (상황이 안 되어 참석하지 못한 것에 대한 아쉬운 결과)

- You **cannot have been** serious about quitting your job.
  네가 직장을 그만두겠다는 말을 진심으로 했을 리가 없다.

이어 읽기 핵심 패턴 12

A and/or B 법칙 (병렬의 법칙)

이 법칙은 시험에 자주 출제되는 중요한 문장 구조이므로 반드시 숙지하셔야 합니다. A and/or B 법칙은 'and나 or로 문장이 이어질 경우, and나 or 앞 뒤의 문장은 서로 비슷한 내용을 말하고 있으므로, 둘 중 하나만 해석해도 문장 전체의 의미를 파악할 수 있다'라는 법칙입니다. 이는 실전 시험에서 시간을 절약하면서도 정확한 해석을 가능하게 하는 유용한 법칙입니다.

이 법칙을 제대로 이해하고 적용하면, 긴 지문을 읽을 때 실수를 줄이고 시간을 효율적으로 관리하면서 고득점을 얻을 수 있습니다. 저 역시 이 법칙을 정말 자주 활용합니다.

A and/or B 법칙 (병렬의 법칙)	A와 B 둘 중 하나만 해석해도 문맥이 통한다

- The children were energetic **and** full of life, running around the playground without stopping.
  아이들은 활기차고 생기 넘쳐서 놀이터에서 쉬지 않고 뛰어다녔다.
  (energetic 와 full of life 모두 '활기찬' 의미)

- The idea is that when you are invested **and** have ownership in something, you overvalue that thing.
  그 생각은 너가 투자되고 무언가의 소유권을 가질 때 너는 그것을 더 가치 있게 여긴다는 것이다.
  ('투자되고'는 바로 무슨 말인지 의아해할 수 있지만 '무언가의 소유권을 가질 때' 이 말은 더 쉽게 와닿습니다. 그럼 그 문장만 이해하고 가면 됩니다.)

- The plan was unrealistic **or** at least very difficult to achieve.
  그 계획은 비현실적이거나 적어도 매우 달성하기 어려웠다.
  (비현실적이라는 것과 달성하기 어렵다는 같은 의미)

- The manager emphasized the importance of clear communication **or** detailed explanations when working with a new team.
  매니저는 새로운 팀과 일할 때는 명확한 소통이나 자세한 설명이 중요하다고 강조했다.
  (명확한 소통과 자세한 설명은 같은 의미)

이어 읽기 핵심 패턴 13

in ~ing, by ~ing

in ~ing는 '~하는 데 있어서'라고 해석하며 어떤 행동이나 상태의 과정, 상황을 나타낼 때 사용합니다.

by ~ing는 '~함으로써'라고 해석합니다. 어떻게 결과를 이끌었는가를 설명할 때 사용하며 방법과 수단의 의미를 나타냅니다.

in ~ing	~하는 데 있어서 (과정, 상황)
by ~ng	~함으로써 (방법, 수단)

- effectiveness of metaphors **in discovering** innovative solutions
  혁신적인 해결책을 발견하는 데 있어서 비유의 효과

- importance of maintaining objectivity **in generating** metaphors
  비유를 만드는 데 있어서 객관성을 유지하는 것의 중요성

- The teacher was strict **in correcting** students' mistakes but always encouraged them to improve.
  그 선생님은 학생들의 실수를 바로잡는 데 있어서는 엄격했지만, 항상 그들이 발전하도록 격려했다.

- You can improve your English **by practicing** every day.
  매일 연습함으로써 너는 영어 실력을 향상시킬 수 있다.

- She may prescribe the behavior to them **by uttering** the norm statement in a prescriptive manner.
  그녀는 규범 진술을 지시적인 방식으로 말함으로써 그들에게 행동을 지시할지도 모른다.

- You can save money **by bringing** your own lunch instead of eating out.
  너는 외식하는 대신 직접 도시락을 가져옴으로써 돈을 아낄 수 있다.

이어 읽기 핵심 패턴 14

부정어 주어

많은 학생들이 부정어가 주어로 나오는 문장 해석을 어려워합니다.
이것만 기억하세요. '어떤 ~도 ~없다'

no one	어떤 사람도 ~없다
nothing	어떤 것도 ~없다

- **No one** can do this job better than you.
  어떤 사람도 너보다 이 일을 더 잘할 수 없다.

- **Nothing** matters more than your health.
  어떤 것도 너의 건강보다 더 중요한 것은 없다.

- **No words** can express how grateful I am.
  어떤 말로도 내 감사함을 표현할 수 없다.

- **No lasting results** can be achieved unless the individual convinces himself that loneliness is just a state of mind.
  만약 개인이 그 스스로에게 외로움이 그저 하나의 마음 상태라는 것을 납득시키지 못한다면 어떤 지속되는 결과도 달성될 수 없다.

- **Little** comfort could be found in their words, no matter how well-intentioned they seemed.
  그들이 아무리 선한 의도로 말한 것처럼 보여도, 그들의 말에서 위안은 거의 찾을 수 없었다.

- **Few** opportunities come twice in life, especially those that can truly change your path.
  인생에서 기회가 두 번 오는 일은 거의 없으며, 특히 당신의 길을 진정으로 바꿀 수 있는 기회는 더욱 그렇다.

이어 읽기 핵심 패턴 15

문장 맨 앞의 to부정사

문두에 to부정사가 오는 경우는 2가지 중 하나입니다.

ⓐ To v ~ v	to부정사 뒤에 동사가 와서 to부정사가 주어로 쓰이는 경우 '**~하는 것은**' 라고 해석

- **To travel** around the world **has been** my lifelong dream.
  세계를 여행하는 것은 내 평생의 꿈이었다.

- **To learn** a new language **requires** patience and dedication.
  새로운 언어를 배우는 것은 인내심과 헌신이 필요하다.

- **To stay** focused during long meetings **demands** strong concentration and mental endurance.
  긴 회의 동안 집중력을 유지하는 것은 강한 집중력과 정신적 인내력을 요구한다.

ⓑ To v ~ , S ⊕ V	to부정사 뒤에 콤마(,)가 나온 후, 주어 동사가 오는 경우 '**~하기 위해(서)**' 라고 해석

- **To solve** this problem**, we need** to think outside the box.
  이 문제를 해결하기 위해서, 우리는 틀에서 벗어나 생각해야 한다.

- **To ensure** that the student had retained the information**, a test or paper was** often required to make an assessment of that retention.
  학생이 정보를 보유하는 것을 확실히 하기 위해, 그 보유의 평가를 하기 위해 테스트나 보고서가 종종 요구된다.

- **To improve** his public speaking skills**, he practiced** giving speeches in front of a mirror every day.
  그의 대중 연설 실력을 향상시키기 위해, 그는 매일 거울 앞에서 연설을 연습했다.

PART 3

<9·4 독해 법칙>을 체화시키는 실전연습

난이도 하

난이도 중

난이도 상

선택지 해석

PRACTICE

실전연습 난이도 하

주어진 문장을 자연스럽게 해석하면서 끊고, 4가지 연결하는 법칙이 어떻게 쓰였는지 적어보세요.

정답 p.113

❶ We are trapped in the perspective of our own time.

---

❷ We have to practice twice a week in the multi-purpose room.

---

❸ Actors do not become the characters they play.

PART 3 <9·4 독해 법칙>을 체화시키는 실전연습

4 Many people who achieve great success don't always feel it.

---

5 The air is full of molecules carried by breezes.

---

6 They specialized in creating extremely realistic effects on very low budgets.

---

7 You can use your imagination to write books or invent something.

⑧ We take our cars to the mechanic for regular checkups.

---

⑨ Our popular culture conveys a very different message to children.

---

⑩ To select the ice cream means not being able to eat the chocolate chip cookies.

---

⑪ You can strengthen these muscles by doing exercises such as knee extensions.

---

⑫ You can do a number of things to keep the air in your home clean.

⑬ Team sports become more difficult to organize in an adult world.

⑭ Here are two things you may have heard about bad breath that are not true.

⑮ To sufficiently clean your teeth, you should brush for at least 2 minutes at least twice a day.

⑯ She makes a lot of effort to prevent this from happening.

⑰ We all cherish certain memories of our childhoods, like birthday parties and bike rides.

⑱ There are six people in an elevator with an actor hired by researchers.

⑲ Indeed, we have to have a word to explain something in order to remember it.

⑳ One spring night, I was sitting alone very late in the university library.

㉑ Some vitamins are even prescribed for medical purposes.

㉒ We could hold each other's hands and serve as balances for each other.

㉓ It's well-known that many students use caffeine to stay up late to study.

㉔ People have a tendency to adopt the attitudes of those they spend time with.

㉕ Babies are immersed in the language that they are expected to learn.

㉖ The explanation of this paradox requires an understanding of the power of uncertainty.

㉗ He wondered how Mr. Stessin could cope with the terrible tragedy.

28. We all have a passion, a secret buried within us.

29. The audience suffers a notable impact from the way that ads are designed.

30. They have been infected by emotional contagion.

31. He made a great success of which many people were envious.

㉜ Many people have experiences in which their wishes change what they see.

㉝ Without protection, such industries might be weakened by foreign competition.

㉞ The claim that we have recently entered the information age is misleading.

㉟ Near my house is a tiny dry-cleaning shop run by two chatty old ladies.

36 Early medieval universities had no easy way to convey information and ideas to their students.

37 Humor is simply the ability to distance ourselves from things.

38 People were thought to speak differently because of race.

39 Differences in language can be easily observed among people in the same speech community.

㊵　Their answers can be validated by experiment or observation.

㊶　They have to awkwardly use their feet and mouths to manipulate objects.

㊷　Punishments that are extra dangerous or risky are considered costlier.

㊸　We tend to interpret ourselves, other people, and the situation in a defensive and self-protective way.

44 We're less inclined to accept challenges that pose a risk of failure.

*be inclined to ~하는 경향이 있다

---

45 People have a strong desire to define categories using rules.

PRACTICE

실전연습 난이도 중

주어진 문장을 자연스럽게 해석하면서 끊고, 4가지 연결하는 법칙이 어떻게 쓰였는지 적어보세요.

❶ The knowledge you gain today is an investment that can pay off in the future.

❷ For the past two weeks, band practice has been canceled because other groups needed to use the room.

❸ In Europe, people with the same symptoms would not be encouraged to take medicine.

④ At the beginning of a project that seems unfamiliar, we need to tell our brain that we're in learning mode.

___

⑤ These students are assigned the responsibility to ask at least one question during that class.

___

⑥ In their efforts to control infection, hospitals are turning to disposable medical equipment and products.

___

⑦ As one species evolves into another, particular forms of signaling may be passed on, owing to the effects of both genes and learning.

___

⑧ Plan the size according to the time your family can devote to the garden.

⑨ For the last 20 years, some educators have believed that children should not be allowed to experience failure.

⑩ Each of them was talking and laughing, completely forgetting the fact that they were disadvantaged.

⑪ Maintaining a healthy weight and wearing proper footwear while walking or jogging will also help you maintain healthy knee joints.

⑫ The people in the elevator have to notice the actor picking up the coins and pencils on the floor.

___

⑬ Newborn babies cannot express experiences or emotions in the form of words or symbols that others can understand.

___

⑭ Young children always find that new knowledge makes more sense if it is linked to something within their own experience.

___

⑮ Fast-food chains are tempting children towards their products by sending direct mail to children under 12 years of age.

___

⑯ With more people becoming attracted to the activity, the demand for trails with convenient facilities is increasing.

---

⑰ They wrote guidelines suggesting that patients with mild blood pressure elevation take medicine.

---

⑱ But in reality, irregular bombing feels worse because people become so unsure about when they will be exposed to the next bombing raid.

---

⑲ As seen in these examples, it is likely that social media will be the way that we acquire opinion research.

---

⑳ It is equally important for teachers and all school personnel to show respect for students.

_____

㉑ The researchers suggest that exercise cannot fix the health problem caused by spending too much time in front of the TV or computer.

_____

㉒ Marc wondered whether the birds in line were more fearful because they didn't know what their flockmates were doing.

_____

㉓ Emotional contagion would have been impossible for individual grosbeaks in the linear array except with their nearest neighbors.
*grosbeak 콩새류 *array 정렬

_____

㉔ They might also believe that the invention can best be utilized over a longer period of time than a patent would allow.

㉕ There are many products thrown out long before the end of their practical life.

㉖ In the case of chess, it has been proven that a computer can store and handle more bits of information about chess moves than a human brain can.

㉗ It is this that leads many of today's historians to conclude that the journey must have taken place.

㉘ Wonderful things are especially wonderful the first time they happen, but their wonderfulness disappears with repetition.

㉙ Some have proposed that emotions can occur only in a social context, as an aspect of social communication.

㉚ It can be frustrating for athletes to work extremely hard but not make the progress they wanted.

㉛ For some ideas, the ones that identify us as members of a group, we don't reason as individuals; we reason as a member of a tribe.

㉜ We feel deeply threatened when a new idea challenges the ones that have become part of our identity.

㉝ Before classes start, take a good long look at the classroom that you have been assigned.

㉞ The classroom becomes a collaborative space that belongs to the students who inhabit it.

㉟ Little attention was paid to this threatening development by the general population before the 1990s.

36 Cultural influences related to identities and difference can lead to distorted self-perceptions, especially for people who occupy marginalized or oppressed identities. *marginalized 소외된 *oppressed 억압받는

37 Some early perception research showed that minorities do not just passively accept the negative views society places on them.

38 Einstein says that to discover something new, the old has to be abandoned.

39 During the nineteenth century, most people thought that physical difference and language were closely connected.

④ An example of how social influences can affect the brain can be noted from a study conducted by Rainville and his colleagues.

㊶ It would have been far better for those animals to grow wholly new wings while retaining their forelimbs. *forelimbs 앞다리

㊷ The most basic scientific concept that is clearly and disturbingly missing from today's social and political discourse is the concept that some questions have correct and clear answers.

㊸ Communicating emotions through the written (or typed) word can have advantages such as time to compose your thoughts and convey the details of what you're feeling.

㊹ Things like facial expressions and tone of voice offer much insight into emotions that may not be expressed verbally.

㊺ Part of the reason was competition: the high cost of equipment combined with circulation wars killed many papers.

㊻ They knew about their life cycles, shared that information with one another, and collaboratively came up with ideas about raising their own cattle. *come up with 생각해내다

㊼ The selection of specific individuals to breed was an initial step toward modern domestic animals.

㊽ It is sometimes argued that the spread of digital technology will serve to equalize opportunity for small companies. *serve to ~에 도움을 주다

㊾ Shopping at numerous stores isn't necessary when you know what the costs of simple substitutions are in terms of variety and size.

㊿ In our distant past, we realized that mere exposure to public humiliation could be used.

㈤ We know that it makes a hiring difference when we're out recruiting at universities.

㊷ We can all become vulnerable to doubts about our belonging at any given moment. *vulnerable 취약한

㊳ A group of psychologists looked at the effects of everyday good and bad events — getting a compliment from your boss, bad weather, getting stuck in traffic, etc.

㊴ People state that pleasure is always dependent on change and disappears with continuous satisfaction, whereas pain persists under persisting unpleasant conditions.

㊵ It is desirable that we develop games that connect to the learning outcomes we want for our students.

㊽ Incorporating sustainable habits into our lives can be the most fun when we are doing it with the people that surround us.

㊼ The findings indicate that emotional expression is associated with increased adaptation and growth.

㊽ The opportunity to process your emotions with a trusted friend will put you in a better space from which to tackle the crisis.

㊾ By giving an alarm call, a babbler tells the predator that it has been spotted. *babbler 꼬리치레

⑥⓪ If the prey has already been spotted by a predator, giving the call is worthwhile.

PRACTICE

실전연습 난이도 상

주어진 문장을 자연스럽게 해석하면서 끊고, 4가지 연결하는 법칙이 어떻게 쓰였는지 적어보세요.

❶ Although achieving the appropriate scientific ends is always the necessary goal of a study, protection of the rights and welfare of human participants must override scientific efficiency.

❷ Children develop theoretical constructs that separate the motion of clouds from the motion of people and animals so that eventually the fear of living clouds disappears.

3 There is a hidden world of design around you if you look closely enough, but the disharmony of visual noise in our cities can make it hard to notice key details.

4 The researchers found that no postural differences were evident in the two groups, but the players who were pain-free relied heavily on their back and neck muscles.

5 Accurate assessments of farmer and landowner behavior will be made over time, and those farmers and landowners who attempt to gain at each other's expense will find that others may refuse to deal with them in the future.

❻ Typically, synthetic ingredients can be made in a precisely controlled fashion and have well-defined compositions and properties, allowing careful evaluation of their potential toxicity.

---

❼ A joint study conducted by the Hong Kong University of Science and Chicago University demonstrated that understanding why a specific action was chosen helped boost self-discipline.

---

❽ Theorists in the field of animal ethics often assume that there is a clear difference between the suffering caused by non-human sources and the suffering caused by human beings.

⑨ California's Air Resources Board found that even if every car in the state were electric, and 75 percent of the electricity came from renewable sources, driving would need to decline by 15 percent for the state to reach its climate goals.

⑩ That is why truly improving memory can never simply be about using memory tricks, although they can be helpful in strengthening certain components of memory.

⑪ In general, however, light levels are too low for plants to produce large quantities of sugar, which means that wild plants growing in the forest contain few nutrients in comparison with their relatives growing out in the open.

⑫ Esther Duflo, Rema Hanna and Steve Ryan have shown, through an experiment conducted in India, that teachers react positively to financial incentives and supervision, with the result that students are absent less often and perform better.

⑬ In particular, walls built in urban areas, where human density is higher and social diversity more accentuated, have exacted a heavy toll in terms of political divisions, ecological degradation and human suffering.

⑭ While it has been found that young children rely exclusively on geometric information to determine the location of an object hidden in a small enclosure, exclusive use of geometry does not occur in larger spaces.

⑮ Farmers and landowners develop reputations for honesty, fairness, producing high yields, and consistently demonstrating that they are good at what they do.

___

⑯ In traditional schools, where philosophy is not present, students often work with factual questions, they learn specific content listed in the curriculum, and they are not required to solve philosophical problems.

___

⑰ Many marine species including oysters, marsh grasses, and fish were deliberately introduced for food or for erosion control, with little knowledge of the impacts they could have.

___

⑱ Nurses hold a pivotal position in the mental health care structure and are placed at the centre of the communication network, partly because of their high degree of contact with patients, but also because they have well-developed relationships with other professionals. *pivotal 중요

⑲ Instinct is often described as patterns of inherited, pre-set behavioural responses which develop along with the developing nervous system and can evolve gradually over the generations, just like morphology.
*morphology 형태학

⑳ It is therefore imperative that frequent audits and proper financial management procedures are instituted to enable clear monitoring and transparency in assessing the performance of cooperatives in their functional roles.
*imperative 강제적인 *audit 회계감사 *institute 제도화하다 *cooperative 협동조합

㉑ Such behavioural methods, where humans watch how fellow humans react when exposed to a certain brand or product, manually coding and categorizing their emotions, are labour intensive, and consequently are rarely applied or applied in small sample sizes.

* labour intensive 노동 집약적인 * manually 수동으로

㉒ If you agree that changes need to happen to address climate change, you are not on the fringe of society, but in line with the 97 percent of scientists that agree climate change is happening.

*fringe 가장자리 * in line with ~와 함께

영어 1등급의 첫걸음!
선택지 해석 실전연습

대부분의 학생들이 독해에 어려움을 느끼는 경우, 선택지 해석에서도 비슷한 어려움을 겪습니다. 반면, 영어 시험에서 항상 높은 성적을 받는 1등급 학생들은 선택지를 빠르고 정확하게 해석합니다. 선택지 해석의 정확성과 속도는 고득점을 위한 기본 조건입니다. 실제 시험에서 선택지는 대부분 한 줄 이내로 길지 않기 때문에, 이를 빠르게 정확하게 해석하는 능력은 실전 점수와 바로 이어집니다. 따라서 여러분도 9/4 법칙에 기반한 독해 전략을 통해 선택지 해석의 정확도를 높이고, 꾸준한 반복 학습으로 속도를 끌어올리시기 바랍니다.
선택지를 빠르고 정확하게 읽는 힘, 그것이 고득점을 결정짓는 핵심입니다.

주어진 수능 모의고사 선택지를 올바르게 끊고 해석하세요.

정답 p.146

모의고사 선택지 1번

① the employee being criticized for being silent
② the peacemaker who pursues non-violent solutions
③ the negotiator who looks for a mutual understanding
④ the subordinate who wants to get attention from the boss
⑤ the person who gets the blame for reporting unpleasant news

모의고사 선택지 2번

① how to get an adequate amount of sleep
② the role that sleep plays in the learning process
③ a new method of stimulating engagement in learning
④ an effective way to keep your mind alert and active
⑤ the side effects of certain medications on brain function

모의고사 선택지 3번

① Public healthcare: a co-star, not a supporting actor
② The historical development of medicine and surgery
③ Clinical care controversies: what you don't know
④ The massive similarities between different mythologies
⑤ Initiatives opening up health innovation around the world

모의고사 선택지 4번

① make you feel bad about yourself
② improve your ability to deal with challenges
③ be seen as a way of asking for another favor
④ trick you into thinking that you were successful
⑤ discourage the person trying to model your behavior

모의고사 선택지 5번

① source of moral lessons and reflections
② record of the rise and fall of empires
③ war against violence and oppression
④ means of mediating conflict
⑤ integral part of innovation

모의고사 선택지 6번

① ignore what experts say
② keep a close eye on the situation
③ shift our emphasis from behavior to character
④ focus on appealing to emotion rather than reason
⑤ place more importance on the individual instead of the group

모의고사 선택지 7번

① thinking of breakfast as fuel for the day
② trying to reflect on pleasant events from yesterday
③ handling the most demanding tasks while full of energy
④ spending the morning time improving my physical health
⑤ preparing at night to avoid decision making in the morning

모의고사 선택지 8번

① cultural differences in honoring war victims
② benefits of utilizing sound and motion in warfare
③ functions of music in preventing or resolving conflicts
④ strategies of analyzing an enemy's vulnerable points in war
⑤ effects of religious dances on lowering anxiety on the battlefield

모의고사 선택지 9번

① Cycling contributes to a city's atmosphere and identity
② The rise of cycling: a new status symbol of city dwellers
③ Cycling is wealth-building but worsens social inequality
④ How to encourage and sustain the bicycle craze in urban areas
⑤ Expanding bike lane networks can lead to more inclusive cities

모의고사 선택지 10번
① Fear and uncertainty can be damaging
② Unaffordable personal loans may pose a risk
③ Ignorance about legal restrictions may matter
④ Accurate knowledge of investors can be poisonous
⑤ Strong connections between banks can create a scare

모의고사 선택지 11번
① sidestep the dreaded negative sign
② resolve stock market uncertainties
③ compensate for complicated calculating processes
④ unify the systems of expressing numbers below zero
⑤ face the truth that subtraction can create negative numbers

모의고사 선택지 12번
① distort the interpretation of the medical research results
② isolate the effects of the specific variable being studied
③ conceal the purpose of their research from subjects
④ conduct observational studies in an ethical way
⑤ refrain from intervening in their experiments

모의고사 선택지 13번
① spending time and money on celebrating perfection
② suggesting cost-saving strategies for a good cause
③ making a difference as best as the situation allows
④ checking your resources before altering the original goal
⑤ collecting donations to help the education of poor children

모의고사 선택지 14번

① benefits of eating whole fruit on the brain health
② universal preference for sweet fruit among children
③ types of brain exercises enhancing long-term memory
④ nutritional differences between fruit and processed carbs
⑤ negative effect of fruit overconsumption on the cognitive brain

모의고사 선택지 15번

① Stop judging others to win the race of life
② Why disappointment hurts more than criticism
③ Winning vs. losing: a dangerously misleading mindset
④ Winners in a trap: too self-conscious to be themselves
⑤ Is honesty the best policy to turn enemies into friends?

모의고사 선택지 16번

① simplified the web design process
② resulted in no additional cash inflow
③ decreased the salaries of the employees
④ intensified competition among companies
⑤ triggered conflicts on the content of web ads

모의고사 선택지 17번

① be a large enough group to be considered a society
② have historical evidence to make it worth believing
③ apply their individual values to all of their affairs
④ follow a strict order to enhance their self-esteem
⑤ get approval in light of the religious value system

모의고사 선택지 18번

① complex organisms are superior to simple ones
② technologies help us survive extreme environments
③ ecological diversity is supported by extreme environments
④ all other organisms sense the environment in the way we do
⑤ species adapt to environmental changes in predictable ways

모의고사 선택지 19번

① have utterly disrupted our complex food supply chain
② have vividly witnessed the rebirth of our classic recipes
③ have completely denied ourselves access to healthy food
④ have become totally confused about our distinctive food identity
⑤ have fully recognized the cultural significance of our local foods

---

모의고사 선택지 20번

① difficulties in finding meaningful links between disciplines
② drawbacks of applying a common language to various fields
③ effects of diversifying the curriculum on students' creativity
④ necessity of using a common language to integrate the curriculum
⑤ usefulness of turning abstract thoughts into concrete expressions

---

모의고사 선택지 21번

① Original meanings of words fade with time
② Dictionary: a gradual continuation of the past
③ Literature: the driving force behind new words
④ How can we bridge the ever-widening language gap?
⑤ Language evolution makes even shakespeare semi-literate!

모의고사 선택지 22번
① the high dependence on others
② the obsession with our inferiority
③ the increasing closing of the mind
④ the misconception about our psychology
⑤ the selfdestructive pattern of behavior

모의고사 선택지 23번
① majority rule should be founded on fairness
② the crowd is generally going in the right direction
③ the roles of leaders and followers can change at any time
④ people behave in a different fashion to others around them
⑤ there is a huge difference between acceptance and intelligence

PART 2 **연습문제 정답**
<끊어 읽기 법칙> 연습문제 정답
<은·는·이·가 법칙> 연습문제 정답
<조사의 활용 법칙> 연습문제 정답
<어떤 어떤 법칙> 연습문제 정답

PART 3 **실전연습 정답**
난이도 하 정답
난이도 중 정답
난이도 상 정답

APPENDIX

부록 1
5초 영어 독해 정답

영어 독해는 긴 문장을 적절히 끊어, 그 조각들을 매그럽게 이어 읽는 과정이다.

PART 2

<끊어 읽기 법칙>
연습문제 정답

1

Pursuing perfection / at work / causes conflicts / among team members.
　주어　　　　　　　전치사　　　　동사　　　　　　　전치사

일터에서 완벽함을 추구하는 것은 팀 멤버들 사이에 갈등을 야기한다.

2

If we only go / where we feel confident, / then confidence never expands /
　　　　　　　　　관계부사

beyond that.
　전치사

만약 우리가 우리 자신감을 느끼는 곳으로만 간다면, 그때 자신감은 그것을 넘어 절대 확장되지 못할 것이다.

3

These conflicts are greatly determined / by the community /
　　　　　　　　　　　　　　　　　　　　　　　전치사

to which one migrates.
전+관계사 (관계부사)

이러한 갈등은 한 사람이 이주하는 공동체에 의해 크게 결정된다.

4

The primary purpose of commercial music radio broadcasting /
is to deliver an audience / to a group of advertisers and sponsors.
　　　　동사　　　　　　　　　　전치사

상업 음악 라디오 방송의 주된 목적은 관객을 한 그룹의 광고주와 스폰서에게 전달하는 것이다.

* of는 정말 길어지는 문장을 제외하고는 끊을 경우 더 복잡해지므로 예외적으로 안 끊는 것이 낫다.

APPENDIX　　부록 1 5초 영어 독해 정답

5 | The shift / from analog to digital technology / influenced / how music was produced.
주어 — 동사

아날로그부터 디지털 기술까지의 변화는 영향을 끼쳤다. 어떻게 음악이 만들어졌는지에

*from A to B : A부터 B까지란 뜻으로 전치사 to 앞에서 끊으면 더 복잡해진다.

6 | Fiction helps portray everyday situations, feelings, and atmosphere / that recreates the historical context.

소설은 역사적 상황을 재현하는 일상의 상황, 감정, 분위기를 묘사하는 것을 도와준다.

7 | For most people, / the word stereotype arouses negative connotations: / it implies a negative bias.

대부분의 사람에게 단어 "고정관념"은 부정적인 의미를 불러일으킨다. 즉 그것은 부정적인 편견을 의미한다.

8 | Children now learn / from a picture book / that words and illustrations complement and enhance each other.

아이들은 지금 그림책으로부터 단어와 삽화가 서로 보완하고 풍부하게 한다는 것을 배운다.

9 | Norms emerge / in groups / as a result of people / conforming to the behavior of others.

규범은 다른 사람의 행동에 순응하는 사람들의 결과로써 그룹에서 일어난다.

10 | Each actor / belonging to a specific economic class / understands / what the other sees / as a necessity and a luxury.

특정 경제 계층에 속한 각 행위자는 상대방이 무엇을 필수품으로, 무엇을 사치품으로 여기는지 이해한다.

11 | For those of any age / with an existing network of friendships / built up / in the three-dimensional world, / social networking sites can be a happy extension of communication, / along with email, video calls, or phone calls, / when face-to-face time together just isn't possible.

어느 나이대든 3차원 세계(즉, 현실 세계)에서 이미 우정 관계를 형성해온 사람들에게는, 소셜 네트워킹 사이트가 이메일, 영상 통화, 전화 통화와 함께 직접 얼굴을 마주할 수 없는 상황에서 소통의 즐거운 확장이 될 수 있다.

12

Moreover, much of / what we now see / as precise matches / between an organism and its environment / may equally be seen / as constraints: koala bears live successfully / on Eucalyptus foliage, but, from another perspective, / koala bears cannot live / without Eucalyptus foliage.

게다가, 우리가 지금 유기체와 그것의 환경 사이에서 정확한 일치로써 여기는 것의 많은 부분은 똑같이 제약으로 여겨질지도 모른다. 즉 코알라 곰들은 성공적으로 유칼립투스 나뭇잎에서 살 수 있지만 다른 관점으로부터 보면, 코알라 곰은 유칼립투스 나뭇잎 없이 살 수 없다.

* 위의 but은 해석하는 데 어려움이 없으므로 굳이 끊을 필요가 없으므로 끊지 않는 게 더 좋다.
꼭 기억하자. 문장을 끊는 이유는 매끄럽게 연결하기 위한 과정이므로 해석이 한 번에 연결되는 부분은 굳이 끊을 필요가 없다.

13

This 'creativity' does not refer to the ability / to write poetry or novels / but rather the ability / to produce and understand an unlimited set of new sentences / never spoken or heard previously.

이러한 창의성은 시나 소설을 쓰는 능력을 언급하는 게 아니라 오히려 절대로 이전에 말이 되거나 들어본 적 없는 무한한 새로운 문장을 만들어내고 이해하는 능력을 언급한다.

* refer to가 하나의 뜻이므로 끊어 읽지 않는다.

14

The harmful effects of animals / on tourism experiences / have been the subject of analysis / in a small number of studies, but deaths or injuries / caused / by animals / to tourists / are tiny / in comparison to other causes / such as drowning and vehicular accidents.

관광 경험에 끼치는 동물들의 해로운 영향은 소수의 연구에서 분석 주제였지만 동물들에 의해 관광객에게 야기되는 죽음이나 부상은 익사와 차량 사고와 비교할 때 적다.

* 주어 동사가 멀리 떨어져 있는 경우는 끊어 읽기 원칙엔 있으나 본인 실력에 맞게 유연하게 끊으면 된다. 끊지 않는 것이 편하면 안 끊어도 되고, 끊는 것이 편하면 끊으면 된다.

15

When you apply for a job or college or medical school, / make sure / you interview / on a sunny day, / because interviewers tend to rate applicants more negatively / when it is rainy.

네가 직업, 대학, 의대에 지원할 때, 네가 맑은 날에 인터뷰(면접)를 보도록 확실히 해라, 면접관들이 비 올 때 지원자들을 더 부정적으로 평가하는 경향이 있으므로.

* 단어 병렬은 끊으면 해석이 너무 자주 끊어지기에 굳이 끊을 필요가 없다. tend to는 하나의 뜻이므로 끊어 읽지 않는다.

APPENDIX   부록 1 **5초 영어 독해 정답**

PART 2

<은·는·이·가 법칙>
연습문제 정답

1

You will have your local slang that **you** use in your school or in your town.

너는 너의 지역 속어를 가질 것이다. 너가 너의 학교나 마을에서 사용하는

2

If **the company** can get government approval for a trial project, **test runs** could begin by the end of 2011.

만약 **회사가** 시범 프로젝트에 대해 정부 승인을 받을 수 있다면, **시범 운영은** 2021년 말까지 시작될 수 있다.

3

Newborn babies cannot express experiences or emotions in the form of words or symbols that **others** can understand.

신생아들은 다른 사람들이 이해할 수 있는 단어나 기호의 형태로 경험이나 감정을 표현할 수 없다.

4

People have a tendency to adopt the attitudes of those **they** spend time with.
those와 they 사이에 관계사 생략

사람들은 그들이 함께 시간을 보내는 사람들의 태도를 채택하는 경향을 보인다.

5

They wrote guidelines suggesting that **patients** with mild blood pressure elevation take medicine.

그들은 적당한 혈압상승을 가진 환자들이 약을 먹어야 한다는 것을 제안하는 가이드라인을 썼다.

PART 2

<조사의 활용 법칙> 연습문제 정답

1 | value **of** acquiring scientific knowledge **through** trial and error
시행착오를 **통한** 과학적 지식을 얻는 것**의** 가치

2 | necessity **of** various perspectives **in** practicing science
과학을 실천하는 **데 (있어서)** 다양한 관점**의** 필요성

3 | benefits **of** building good relationships **among** scientists
과학자들 **사이에** 좋은 관계를 만드는 것**의** 이점

4 | curiosity **as** a key factor **in** designing experiments
실험을 설계하는 **데 (있어서)** 핵심 요소로서의 호기심

5 | importance **of** specialization **in** scientific research
과학 연구**에** 전문화**의** 중요성

APPENDIX 부록 1 **5초 영어 독해 정답**

6

If you are learning **for** yourself and **for** others, you will put much more effort and energy **into** the learning process.

만약 너가 스스로와 다른 사람을 <u>위해</u> 배운다면, 너는 더 많은 노력과 에너지를 학습 과정<u>에(으로)</u> 투입할 것이다.

7

Pursuing perfection **at** work causes conflicts **among** team members.

일터<u>에서</u> 완벽함을 추구하는 것은 팀 멤버들 <u>사이에</u> 갈등을 야기한다.

8

Every day an enormous amount **of** energy is created **by** the movement **of** people and animals, and **by** interactions **of** people **with** their immediate surroundings.

매일 엄청난 양<u>의</u> 에너지는 사람들과 동물들<u>의</u> 움직임<u>에 의해</u>, 그들의 인접한 환경<u>과의</u> 사람들<u>의</u> 상호작용<u>에 의해</u> 만들어진다.

9

She was affected **by** the news **on** sudden death **of** her friend.

그녀는 그녀 친구<u>의</u> 갑작스런 죽음<u>에 관한</u> 뉴스<u>에 의해</u> 영향을 받았다.

10

Knowing a second foreign language may act **as** a differentiator **on** the labor market **from** the standpoint **of** the employee.

제2외국어를 안다는 것은 직원<u>의</u> 입장으로<u>부터</u>(봤을 때) 노동시장<u>에</u> 차별 요소<u>로서</u> 작용할지도 모른다.

11

Researchers found that lights **from** roads and hotels **along** the beaches discourage female turtles **from** laying eggs.

연구자들은 해안가를 <u>따라</u> 도로와 호텔로<u>부터</u>(의) 불빛이 암컷 거북이가 알을 낳는 것을 막는다는 것을 발견했다.

* discourage 목 from ~ing - 목적어가 ing하는 것을 막다

PART 2

<어떤 어떤 법칙> 연습문제 정답

1 You will have your local slang **that you use in your school or in your town.**
관계사가 꾸며 줌

너는 너의 지역 속어를 가질 것이다. 어떤 속어? 너가 너의 학교나 마을에서 사용하는 속어

2 We own a lot of electronic devices **that are designed to make our lives easier.**
관계사가 꾸며 줌

우리는 많은 전자 장치를 소유한다. 어떤 전자 장치? 우리의 삶을 더 쉽게 만들기 위해 설계된 장치

3 There seems to be only one adequate way **to overcome the failure of love.**
to v가 꾸며 줌

오직 하나의 적당한 방법만이 있는 것 같다. 어떤 방법? 사랑의 실패를 극복하기 위한 방법

4 People have a tendency to adopt the attitudes of **those they spend time with.**
관계사가 꾸며 줌 - those와 they 사이에 관계사 생략

사람들은 사람들의 태도를 채택하는 경향을 가지고 있다. 어떤 사람들? 그들이 함께 시간을 보내는 사람들

5 They wrote guidelines **suggesting** that patients **with mild blood pressure elevation** take medicine.
현재분사가 꾸며 줌   전치사가 꾸며 줌

그들은 가이드라인을 썼다. 어떤 가이드라인? 제안하는 환자 어떤 환자? 적당한 혈압 상승을 가진 환자가 약을 먹어야 한다는 것을 (제안하는)

APPENDIX   부록 1 **5초 영어 독해 정답**

PART 3

난이도 하
정답

1

We are trapped / in the perspective of our own time.

우리는 갇혀 있다. 우리 자신의 시간의 관점에.

우리는 갇혀 있다 / 우리 자신의 시간의 관점에

조사의 활용	in ~에, of ~의

2

We have to practice twice a week / in the multi-purpose room.

우리는 다목적실에서 일주일에 2번 연습해야 한다.

우리는 일주일에 2번 연습해야 한다 / 다목적실에서

조사의 활용	in ~에서

3

Actors do not become the characters / they play.

배우들은 그들이 연기하는 캐릭터가 되지 못한다.

배우들은 캐릭터가 되지 못한다 / 그들이 연기하는

은·는·이·가	배우들은, 그들이
어떤 어떤 (관계사 생략)	어떤 캐릭터? 그들이 연기하는

4

Many people / who achieve great success / don't always feel it.

커다란 성공을 달성하는 많은 사람은 그것을 항상 느끼는 것은 아니다.

많은 사람 / 커다란 성공을 달성하는 / 그것을 항상 느끼는 것은 아니다

어떤 어떤 (관계사)	어떤 많은 사람? 커다란 성공을 달성하는

5

The air is full of molecules / carried / by breezes.

공기는 산들바람에 의해 옮겨지는 분자들로 가득 차 있다.
공기는 분자들로 가득 차 있다 / 옮겨지는 / 산들바람에 의해

어떤 어떤 (과거분사)	어떤 분자? 산들바람에 의해 옮겨지는
조사의 활용	by ~에 의해

6

They specialized / in creating extremely realistic effects / on very low budgets.

그들은 매우 낮은 예산으로 극도로 사실적인 효과를 만드는 데 있어서 전문화되어 있다.
그들은 전문화되어 있다 / 극도로 사실적인 효과를 만드는 데 있어서 / 매우 낮은 예산으로

자주 나오는 핵심 패턴	13번 in~ing - ~하는 데 있어서
조사의 활용	on ~으로

7

You can use your imagination / to write books / or invent something.

너는 책을 쓰거나 뭔가를 발명하기 위해 너의 상상력을 이용할 수 있다.
너는 너의 상상력을 이용할 수 있다 / 책을 쓰거나 / 뭔가를 발명하기 위해

to부정사 연결	~하기 위해

8

We take our cars / to the mechanic / for regular checkups.

우리는 규칙적인 점검을 위해 수리공에게 우리의 차를 가져간다.
우리는 우리의 차를 가져간다 / 수리공에게 / 규칙적인 점검을 위해

조사의 활용	to ~에게, for ~을 위해

9

Our popular culture conveys a very different message / to children.

우리의 문화는 아이들에게 매우 다양한 메시지를 전달한다.
우리의 문화는 매우 다양한 메시지를 전달한다 / 아이들에게

조사의 활용	to ~에게

10

To select the ice cream means not being able to eat the chocolate chip cookies.

아이스크림을 선택한다는 것은 초콜릿 칩 쿠키를 먹을 수 없다는 것을 의미한다.
끊을 부분이 없다. to 앞에서 끊으면 be able to 고유의 뜻이 끊어져서 오히려 더 복잡해진다.

자주 나오는 핵심 패턴	15번 문두의 To + v - ~하는 것은

11

You can strengthen these muscles / by doing exercises / such as knee extensions.

너는 무릎 펴기 같은 운동을 함으로써 이 근육들을 강화시킬 수 있다.

너는 이 근육들을 강화시킬 수 있다 / 운동을 **함으로써** / 무릎 펴기 **같은**

자주 나오는 핵심 패턴	13번 by ~ing - ~함으로써
조사의 활용	such as ~와 같은

12

You can do a number of things / to keep the air / in your home clean.

너는 너의 집에 공기를 깨끗하게 유지하기 위해 많은 것들을 할 수 있다.

너는 많은 것들을 할 수 있다 / 공기를 깨끗하게 유지**하기 위해** / 너의 집에 있는

to부정사 연결	~하기 위해
어떤 어떤 (전치사)	어떤 공기? 너의 집에 있는

13

Team sports become more difficult / to organize / in an adult world.

팀 스포츠는 성인 세계에서 조직하기에 더 어려워진다.

팀 스포츠는 더 어려워진다 / 조직**하기에** / 성인 세계**에서**

to부정사 연결	~하기에 (to부정사는 말이 되게 연결하면 됨)
조사의 활용	in ~에서

14

Here are two things / you may have heard / about bad breath / that are not true.

여기 나쁜 입 냄새에 대해 너가 들었을지도 모르는 사실이 아닌 2가지 것들이 있다.

여기 2가지 것들이 있다 / 너가 들었을지도 모르는 / 나쁜 입 냄새**에 대해** / 사실이 아닌

어떤 어떤 (관계사 생략)	어떤 2가지 것들? 너가 들었을지도 모르는
어떤 어떤 (관계사)	어떤 2가지? 사실이 아닌
조사의 활용	about ~에 대해

* things와 you 사이에 관계사가 생략되어서 two things 수식, that 이하 관계사도 two things 수식

15

To sufficiently clean your teeth, / you should brush / for 2 minutes twice a day.

너의 이를 충분히 깨끗하게 하기 위해, 너는 하루 2번 2분 동안 칫솔질해야 한다.

너의 이를 충분히 깨끗하게 **하기 위해** / 너는 칫솔질해야 한다 / 2분 **동안** 하루 2번

자주 나오는 핵심 패턴	15번 문두의 To + v - ~하기 위해
어떤 어떤 (전치사)	for ~동안

16

She makes a lot of effort / to prevent this from happening.

그녀는 이것이 일어나는 것을 막기 위해 많은 노력을 한다.
그녀는 많은 노력을 한다 / 이것이 일어나는 것을 막기 위해

to부정사 연결	~하기 위해

* prevent 목 from ~ing : 목적어가 ~ing 하는 것을 막다 (숙어는 한 번에 연결하도록 하자)

17

We all cherish certain memories of our childhoods, / like birthday parties and bike rides.

우리는 모두 생일파티와 자전거 타기 같은 우리의 어린 시절의 특정 기억들을 소중히 한다.
우리는 모두 우리의 어린 시절의 특정 기억들을 소중히 한다 / 생일파티와 자전거 타기 같은

조사의 활용	like ~같은

18

There are six people / in an elevator / with an actor / hired / by researchers.

연구자들에 의해 고용된 배우와 함께 엘리베이터 안에 6명의 사람이 있다.
6명의 사람이 있다 / 엘리베이터 안에 / 한 배우와(함께) / 고용된 / 연구자들에 의해

조사의 활용	in ~안에, with ~와 함께, by ~에 의해
어떤 어떤 (과거분사)	어떤 배우? 고용된

19

Indeed, we have to have a word / to explain something / in order to remember it.

정말로, 우리는 그것을 기억하기 위해 그것을 설명하기 위한 단어를 가져야 한다.
정말로, 우리는 단어를 가져야 한다 / 뭔가를 설명하기 위한(설명할) / 그것을 기억하기 위해

to부정사 연결	~하기 위한

* in order to ~하기 위해

20

One spring night, I was sitting alone very late in the university library.

어느 봄날의 밤, 나는 대학 도서관에서 매우 늦게 혼자 앉아 있었다.
어느 봄날의 밤, 나는 매우 늦게 혼자 앉아 있었다 / 대학 도서관에서

조사의 활용	in ~에서

21

Some vitamins are even prescribed / for medical purposes.

몇몇 비타민들은 심지어 의료용 목적을 위해 처방된다.
몇몇 비타민들은 심지어 처방된다 / 의료용 목적을 위해

조사의 활용	for ~를 위해

APPENDIX   부록 1 **5초 영어 독해 정답**

22

We could hold each other's hands / and serve / as balances for each other.

우리는 서로의 손을 잡고, 서로에게 균형이 되는 존재가 될 수 있었다.

우리는 서로의 손을 잡고 / 서로를 **위한** 균형으**로써** 역할을 할 수 있었다

조사의 활용	as ~로써, for ~을 위한

23

It's well-known / that many students use caffeine / to stay up late/ to study.

많은 학생이 공부하려고 밤새우기 위해 카페인을 사용한다는 것이 잘 알려져 있다.

잘 알려져 있다 / 많은 학생이 카페인을 사용한다 / 늦게까지 깨어있기 **위해** / 공부**하려고**

자주 나오는 핵심 패턴	1번 가주어
to부정사 연결	~하기 위해, ~하려고

* to v가 둘 다 ~하기 위해서라고 쓰였지만 둘 다 그렇게 해석하면 매끄럽지 못하기 때문에 하나는 살짝 '~하려고'로 바꿔주는 센스가 필요하다.

24

People have a tendency / to adopt the attitudes of those / they spend time with.

사람들은 함께 시간을 보내는 이들의 태도를 받아들이는 경향이 있다.

사람들은 경향을 가지고 있다 / 사람들의 태도를 채택하는 / 그들이 함께 시간을 보내는

어떤 어떤 (to v)	어떤 경향? 사람들의 태도를 채택하는
어떤 어떤 (관계사 생략)	어떤 사람? 그들이 시간을 함께 보내는

25

Babies are immersed / in the language / that they are expected / to learn.

아기들은 자신이 배워야 할 것으로 기대되는 언어에 몰입되어 있다.

아기들은 몰입되어 있다 / 언어**에** / 그들이 기대되는(예상되는) / 배울 **거라고**

조사의 활용	in ~에
어떤 어떤 (관계사)	어떤 언어? 그들이 배울 거라고 기대되는
to부정사 연결	~거라고 (말이 되도록 연결하면 됨)

* to v는 자주 쓰이는 뜻 몇 개만 정리하고 나머지는 문장에서 말이 되도록 연결하는 것이 중요하다. 문장 해석을 자주 하면서 충분히 연습하도록 하자.

26

The explanation of this paradox requires an understanding / of the power of uncertainty.

이 역설을 설명하려면 불확실성의 힘에 대한 이해가 필요하다.

이 역설의 설명은 이해를 필요로 한다 / 불확실성의 힘의

* 보통 전치사 of는 ~의로 굳이 끊지 않는 것이 더 매끄러우나 of가 많아서 길어지면 끊어서 가도 상관없다.

27

He wondered / how Mr. Stessin could cope with the terrible tragedy.

그는 Stessin 씨가 그 끔찍한 비극을 어떻게 극복할 수 있을지 궁금해했다.

그는 궁금해했다 / **어떻게** Mr. Stessin**이** 그 끔찍한 비극을 극복할 수 있었는지를

자주 나오는 핵심 패턴	5번 how의 해석 - 어떻게
은·는·이·가	그는, Mr. Stessin이

* cope wit 극복하다

28

We all have a passion, / a secret / buried / within us.

우리는 모두 열정, 우리 안에 감춰진 비밀을 가지고 있다.

우리는 모두 열정을 가지고 있다 / **즉 비밀** / 묻혀 있는 / 우리 **안에**

자주 나오는 핵심 패턴	8번 즉 ~무엇 무엇
어떤 어떤 (과거분사)	어떤 비밀? 묻혀 있는
조사의 활용	within ~안에

29

The audience suffers a notable impact / from the way / that ads are designed.

광고가 디자인되는 방식은 관객에게 눈에 띄는 영향을 미친다.

관객**은** 눈에 띄는 영향을 겪는다 / 방식**으로부터** / 광고**가** 디자인되는

조사의 활용	from ~으로부터
어떤 어떤 (관계부사)	어떤 방식? 광고가 디자인되는
은·는·이·가	관객은, 광고가

30

They have been infected / by emotional contagion.

그들은 감정 전염에 감염되었다.

그들은 감염되었다 / 감정 전염**에 의해**

조사의 활용	by ~에 의해

31

He made a great success / of which many people were envious.

그는 많은 사람이 부러워할 만한 큰 성공을 이루었다.

그**는** 굉장한 성공을 했다 / 많은 사람**이** 부러워했던

어떤 어떤 (관계사)	어떤 성공? 많은 사람이 부러워했던
은·는·이·가	그는, 많은 사람이

APPENDIX   부록 1 **5초 영어 독해 정답**

32

Many people have experiences / in which their wishes change / what they see.

많은 사람은 자신의 바람이 자신이 보는 것을 바꾸는 경험을 한다.

많은 사람은 경험을 가지고 있다 / 그들의 바람이 바꾸는 / 그들이 보는 것을

어떤 어떤 (관계사)	어떤 경험? 그들의 바람이 그들이 보는 것을 바꾸는
은·는·이·가	많은 사람은, 그들의 바람이, 그들이

33

Without protection, / such industries might be weakened / by foreign competition.

보호 없이, 그러한 산업들은 외국과의 경쟁으로 인해 약화될 수 있다.

보호 없이 / 그러한 산업들은 약화될 수 있다 / 외국과의 경쟁에 의해

조사의 활용	without ~없이, by ~에 의해

34

The claim / that we have recently entered the information age / is misleading.

우리가 최근에 정보화 시대에 접어들었다는 주장은 오해를 불러일으킨다.

주장은 / 우리가 최근에 정보화 시대에 들어갔다는 / 오해를 불러일으킨다.

어떤 어떤 (동격접속사)	어떤 주장? 우리가 최근에 정보화 시대에 들어갔다는
은·는·이·가	주장은, 우리가

35

Near my house is a tiny dry-cleaning shop / run / by two chatty old ladies.

내 집 근처에는 수다스러운 두 노부인이 운영하는 작은 세탁소가 있다.

내 집 근처에 작은 세탁소가 있다 / 운영되는 / 두 노부인에 의해

어떤 어떤 (과거분사)	어떤 세탁소? 두 노부인에 의해 운영되는
조사의 활용	by ~에 의해

36

Early medieval universities had no easy way / to convey information and ideas / to their students.

초기 중세 대학들은 그들의 학생들에게 정보와 아이디어들을 전달할 어떤 쉬운 방법도 가지고 있지 않았다.

초기 중세 대학들은 어떤 쉬운 방법도 가지고 있지 않았다 / 정보와 아이디어들을 전달하기 위한 / 그들의 학생들에게

어떤 어떤 (to v)	어떤 방법? 전달하기 위한
조사의 활용	to ~에게

37

Humor is simply the ability / to distance ourselves / from things.

유머는 단순히 자신과 사물 사이에 거리를 두는 능력이다.
유머는 단순히 능력이다 / 우리 자신을 거리두는 / 사물들로부터

어떤 어떤 (to v)	어떤 능력? 우리 자신을 거리두는
조사의 활용	from ~로부터

38

People were thought / to speak differently / because of race.

사람들은 인종 때문에 서로 다른 말을 한다고 여겨졌다.
사람들은 생각되었다 / 다르게 말**한다고** / 인종 **때문에**

to부정사 연결	~한다(라)고
조사의 활용	because of ~때문에

39

Differences / in language (/) can be easily observed / among people / in the same speech community.

언어의 차이는 같은 언어 공동체에 속한 사람들 사이에서 관찰하기가 무척 수월하다.
차이 / 언어**에** / 쉽게 관찰될 수 있다 / 사람들 **사이에서** / 같은 언어 공동체 속에

조사의 활용	in ~에, among ~사이에서

40

Their answers can be validated / by experiment or observation.

그들의 답은 실험이나 관찰에 의해 타당해질 수 있다.
그들의 답은 타당해질 수 있다 / 실험이나 관찰**에 의해**

조사의 활용	by ~에 의해

41

They have to awkwardly use their feet and mouths / to manipulate objects.

그들은 물건들을 조작하기 위해 어색하게 그들의 발과 입을 이용해야 한다.
그들은 어색하게 그들의 발과 입을 이용해야 한다 / 물건들을 조작**하기 위해**

to부정사 활용	~하기 위해(서)

APPENDIX 부록 1 5초 영어 독해 정답

42

Punishments / that are extra dangerous or risky / are considered costlier.

매우 위험하거나 리스크가 있는 처벌은 더 큰 비용이 드는 것으로 여겨진다.
처벌 / 매우 위험하거나 리스크가 있는 / 더 값비싸다고 여겨진다

| 어떤 어떤 (관계사) | 어떤 처벌? 매우 위험한 |

43

We tend to interpret ourselves, other people, and the situation / in a defensive and self-protective way.

우리는 방어적이고 자기 보호적인 방식으로 우리 자신, 다른 사람들, 그리고 상황을 해석하는 경향이 있다.
우리는 우리 자신, 다른 사람들, 그리고 상황을 해석하는 경향이 있다 / 방어적이고 자기 보호적인 방식으로

| 조사의 활용 | in ~으로 |

*tend to는 하나의 뜻이므로 끊으면 절대 안 됨 *명사들 나열은 끊을 필요 없음

44

We're less inclined to accept challenges / that pose a risk of failure.

우리는 실패할 가능성이 있는 도전을 받아들이려는 경향이 적다.
우리는 도전을 덜 받아들이는 경향이 있다 / 실패의 위험을 야기하는

| 어떤 어떤 (관계사) | 어떤 도전? 실패의 위험을 야기하는 |

45

People have a strong desire / to define categories / using rules.

사람들은 규칙을 사용하여 범주를 규정하려는 강한 욕구를 가지고 있다.
사람들은 강한 욕구를 가지고 있다 / 범주를 규정하려는 / 규칙을 이용하면서

| 어떤 어떤 (to부정사) | 어떤 욕구? 범주를 규정하려는 |

PART 3

난이도 중
정답

1

The knowledge / you gain today / is an investment / that can pay off / in the future.

오늘 얻는 지식은 미래에 성과를 낼 수 있는 투자이다.
지식 / 너가 오늘 얻는 / 투자다 / 성과를 낼 수 있는 / 미래<u>에</u>

어떤 어떤 (관계사)	어떤 지식? 너가 오늘 얻는, 어떤 투자? 성과를 낼 수 있는
조사의 활용	in ~에

2

For the past two weeks, / band practice has been canceled / because other groups needed to use the room.

지난 2주 동안, 다른 그룹들은 그 방을 사용해야 해서 밴드 연습이 취소되었다.
지난 2주 <u>동안</u> / 밴드 연습<u>은</u> 취소되었다 / 다른 그룹들<u>이</u> 그 방을 사용할 필요가 있었기 때문에

조사의 활용	for ~동안
은·는·이·가	밴드 연습은, 다른 그룹들이

3

In Europe, / people / with the same symptoms / would not be encouraged / to take medicine.

유럽에서는 동일한 증상을 가진 사람들은 약을 복용하도록 권장받지 않을 것이다.
유럽<u>에서</u> / 사람들 / 같은 증상<u>을 가진</u> / 장려받지 않을 것이다 / 약을 먹<u>도록</u>

조사의 활용	in ~에서, with ~을 가진
to부정사 연결	~도록

APPENDIX 부록 1 5초 영어 독해 정답

4

At the beginning of a project / that seems unfamiliar, / we need to tell our brain / that we're in learning mode.

낯설게 보이는 프로젝트를 시작할 때, 우리는 뇌에게 학습 모드에 있음을 알려야 한다.
프로젝트의 시작**에서** / 낯설게 보이는 / 우리**는** 우리의 뇌에게 말할 필요가 있다 /
우리**가** 학습 모드**에** 있다는 것을

조사의 활용	at ~에서, in ~에
어떤 어떤 (관계사)	어떤 프로젝트? 낯설게 보이는
은·는·이·가	우리는, 우리가

5

These students are assigned the responsibility / to ask at least one question / during that class.

이 학생들은 수업 중 최소한 한 가지 질문을 할 책임을 맡는다.
이 학생들은 책임을 할당받는다 / 적어도 한 가지 질문을 **할** / 그 수업 **동안**

to부정사 연결	~할
조사의 활용	during ~동안
어떤 어떤 (to v)	어떤 책임? 한 가지 질문을 할

6

In their efforts / to control infection, / hospitals are turning to disposable medical equipment and products.

감염을 통제하려는 노력의 일환으로 병원들은 일회용 의료 장비와 제품을 사용하고 있다.
그들의 노력**으로** / 감염을 통제**하려는,** / 병원은 일회용 의료 장비와 제품에 의존하고 있다

조사의 활용	in ~으로
어떤 어떤 (to v)	어떤 노력? 감염을 통제하려는
to부정사 연결	~하려는, ~할

* turn to ~에 의존하다

7

As one species evolves / into another, / particular forms of signaling may be passed on, / owing to the effects of both genes and learning.

한 종이 다른 종으로 진화할 때, 특정 신호 형태는 유전자와 학습의 효과로 인해 전달될 수 있다.
한 종이 진화**할 때** / 다른 종**으로** / 특정 신호 형태는 전달될 수 있다 / 유전자와 학습의 효과 **때문에**

자주 나오는 핵심 패턴	4번 as의 쓰임 - ~할 때
조사의 활용	into ~으로, owing to ~때문에

8
Plan the size / according to the time / your family can devote / to the garden.

가족이 정원에 할애할 수 있는 시간에 따라 크기를 계획하라.
크기를 계획해라 / 시간에 따라 / 너의 가족이 전념할 수 있는 / 정원에

조사의 활용	according to ~에 따라, to ~에
어떤 어떤 (관계사)	어떤 시간? 너의 가족이 전념할 수 있는
은·는·이·가	너의 가족이

9
For the last 20 years, / some educators have believed / that children should not be allowed / to experience failure.

지난 20년 동안, 일부 교육자들은 아이들이 실패를 경험하도록 해서는 안 된다고 믿어왔다.
지난 20년 동안 / 몇몇 교육자들은 믿었다 / 아이들이 허락되어선 안 된다고 / 실패를 경험하도록

조사의 활용	for ~동안
은·는·이·가	교육자들은, 아이들이
to부정사 연결	~하도록

10
Each of them was talking and laughing, / completely forgetting the fact / that they were disadvantaged.

그들 각자는 불리한 상황에 있다는 사실을 완전히 잊은 채 이야기하고 웃고 있었다.
그들 각각은 말하고 웃고 있었다 / 완전히 사실을 잊으면서 / 그들이 불리한 상황에 있다는

자주 나오는 핵심 패턴	3번 ~ing - ~하면서
어떤 어떤 (접속사)	어떤 사실? 그들이 불리한 상황에 있다는

11
Maintaining a healthy weight / and wearing proper footwear / while walking or jogging / will also help you maintain healthy knee joints.

건강한 체중을 유지하고 걷거나 조깅할 때 적절한 신발을 신는 것은 건강한 무릎 관절을 유지하는 데 도움이 된다.
건강한 체중을 유지하고 / 적절한 신발을 신는 것 / 걷거나 조깅하는 동안 / 너가 건강한 무릎 관절을 유지하는 것을 도와준다

* 병렬과 help 목 동사원형의 단순한 패턴

12
The people / in the elevator / have to notice the actor picking up the coins and pencils / on the floor.

엘리베이터 안 사람들은 배우가 바닥의 동전과 연필을 줍는 것을 눈치채야 한다.
사람들 / 엘리베이터 안에 / 배우가 동전과 연필을 줍는 것을 눈치채야 한다 / 바닥에

조사의 활용	in ~안에, on ~에
어떤 어떤 (전치사)	어떤 동전과 연필? 바닥에 있는

* 지각동사 notice 목 ~ing로 have to와 연결해서 한 번에 해석하는 게 좋다.

APPENDIX   부록 1 5초 영어 독해 정답

13

Newborn babies cannot express experiences or emotions / in the form of words or symbols / that others can understand.

신생아는 다른 사람들이 이해할 수 있는 단어나 상징의 형태로 경험이나 감정을 표현할 수 없다.

신생아들은 경험이나 감정을 표현할 수가 없다 / 단어나 상징의 형태로 / 다른 사람들이 이해할 수 있는

조사의 활용	in ~로
어떤 어떤 (관계사)	어떤 단어나 상징? 다른 사람들이 이해할 수 있는
은·는·이·가	신생아들은, 다른 사람들이

14

Young children always find / that new knowledge makes more sense / if it is linked / to something / within their own experience.

어린아이들은 새로운 지식이 자신들의 경험과 연결될 때 더 잘 이해된다고 항상 생각한다.

어린아이들은 항상 생각한다 / 새로운 지식이 더 이해가 잘 간다고 / 그것이 연결된다면 / 어떤 것과 / 그들 자신의 경험 안에 있는

조사의 활용	to ~과, within ~안에
어떤 어떤 (전치사)	어떤 것? 그들 자신의 경험 안에 있는
은·는·이·가	어린아이들은, 그것이

15

Fast-food chains are tempting children / towards their products / by sending direct mail / to children / under 12 years of age.

패스트푸드 체인점들은 12세 이하 어린이들에게 dm을 보내 제품으로 유혹하고 있다.

패스트푸드 체인점들은 아이들을 유혹하고 있다 / 그들의 제품으로 향하도록 / dm을 보냄으로써 / 아이들에게 / 12세 이하에

조사의 활용	toward ~을 향해·향하도록, to ~에게, under ~아래에
자주 나오는 핵심 패턴	13번 ~by ing - ~함으로써

16

With more people becoming attracted / to the activity, / the demand / for trails / with convenient facilities / is increasing.

활동에 매력을 느끼는 사람들이 증가함에 따라 편리한 시설이 갖춰진 산책로에 대한 수요는 증가하고 있다.

점점 더 많은 사람이 끌리면서 / 활동에, / 수요 / 산책길에 대한 / 편리한 시설을 가지고 있는 / 증가하고 있다

자주 나오는 핵심 패턴	7번 with + 목적어 + 분사 - 목적어가 ~하면서(되면서)
조사의 활용	to ~에, for ~에 대한, with ~을 가지고

17

They wrote guidelines / suggesting / that patients / with mild blood pressure elevation / take medicine.

그들은 혈압이 약간 높은 환자들이 약을 복용하도록 제안하는 지침을 작성했다.

그들은 지침을 작성했다 / 제안하는 / 환자들이 / 약간의 혈압상승을 가진 / 약을 먹어야 한다는 것을

어떤 어떤 (현재분사)	어떤 지침? 제안하는, (전치사) 어떤 환자? 적당한 혈압 상승을 가진
조사의 활용	with ~을 가지고
은·는·이·가	그들은, 환자들이

18

But in reality, / irregular bombing feels worse / because people become so unsure / about when they will be exposed / to the next bombing raid

하지만 현실에서는, 불규칙한 폭격은 더 나쁘게 느껴진다. 사람들이 다음 폭격이 언제 있을지 확신할 수 없게 되기 때문이다.

그러나 현실에서 / 불규칙한 폭격은 더 나쁘게 느껴진다 / 사람들이 너무 불확실해 하기 때문에 / 언제 그들이 노출될지에 관해 / 다음 폭격에

은·는·이·가	폭격은, 사람들이, 그들이
조사의 활용	in ~에서, about ~에 관해, to ~에

19

As seen / in these examples, / it is likely / that social media will be the way / that we acquire opinion research.

이러한 예에서 볼 수 있듯이, 소셜 미디어가 우리가 여론조사를 얻는 방식이 될 가능성이 크다.

보여지는 것처럼 / 이러한 예에서 / 가능성이 있다 / 소셜 미디어가 방식이 될 / 우리가 여론조사를 얻는

은·는·이·가	소셜 미디어가, 우리가
자주 나오는 핵심 패턴	1번 가주어, 4번 as의 쓰임 - ~처럼
어떤 어떤 (관계부사)	어떤 방식? 우리가 여론조사를 얻는
조사의 활용	in ~에서

20

It is equally important / for teachers and all school personnel / to show respect / for students.

학생들과 모든 직원이 학생들에 대해 존중을 보여주는 것이 똑같이 중요하다.

똑같이 중요하다 / 선생님들과 모든 학교 직원들이 / 존중을 보여주는 것이 / 학생들에 대해

자주 나오는 핵심 패턴	1번 가주어, 2번 for 목적격 to v - 이·가로 해석
조사의 활용	for ~에 대해

APPENDIX   부록 1 5초 영어 독해 정답

21

The researchers suggest / that exercise cannot fix the health problem / caused / by spending too much time / in front of the TV or computer.

연구자들은 운동이 TV나 컴퓨터 앞에서 너무 많은 시간을 보내는 것으로 인한 건강 문제를 해결할 수 없다고 시사한다.

연구자들은 시사한다 / 운동이 건강 문제를 고칠 수 없다고 / 야기된 / 너무 많은 시간을 보냄으로써 / TV나 컴퓨터 앞에서

은·는·이·가	연구자들은, 운동이
어떤 어떤 (과거분사)	어떤 건강 문제? 야기된
자주 나오는 핵심 패턴	13번 by ~ing - ~함으로써
조사의 활용	in front of ~앞에

22

Marc wondered / whether the birds/ in line / were more fearful / because they didn't know / what their flockmates were doing.

마크는 줄지어 있는 새들이 그들의 무리가 하는 것을 알지 못했기 때문에 더 두려워한 건지 아닌지 궁금해했다.

마크는 궁금해했다 / 새들이 / 줄 속에 있는(줄지어 있는) / 더 두려워했는지 / 그들이 몰랐기 때문에 / 그들의 무리가 하는 것을

은·는·이·가	마크는, 새들이, 그들이, 그들의 무리가
조사의 활용	in ~에

23

Emotional contagion would have been impossible / for individual grosbeaks / in the linear array / except with their nearest neighbors.

직선 배열의 개별 콩새들에게 가장 가까운 이웃을 제외하고 감정 전염은 불가능했을 것이다.

감정 전염은 불가능했을 것이다 / 개별 콩새들에게 / 직선 배열에 있는 / 그들의 가장 가까운 이웃을 제외하고

조사의 활용	for ~에게, in ~에, except ~을 제외하고
어떤 어떤 (전치사)	어떤 콩새? 직선 배열에 있는

* grosbeak 콩새류   * array 정렬

24

They might also believe / that the invention can best be utilized / over a longer period of time / than a patent would allow.

그들은 또한 발명이 특허로 허용하는 것보다 더 긴 기간 동안 가장 잘 활용될 수 있다고 믿을 수도 있다.

그들은 또한 믿을지도 모른다 / 발명이 가장 잘 활용될 수 있다고 / 더 긴 기간 동안 / 특허가 허용하는 것 보다

은·는·이·가	그들은, 발명이, 특허가
조사의 활용	over ~동안

25

There are many products / thrown out long / before the end of their practical life.

실제 사용 가능 기간이 끝나기도 전에 버려지는 많은 상품이 있다.

많은 상품이 있다 / 버려지는 / 그들의 실제 삶의 마지막 **전에** (사용 가능 기간 전에)

어떤 어떤 (과거분사)	어떤 많은 상품? 오래전 버려지는
조사의 활용	before ~전에

26

In the case of chess, / it has been proven / that a computer can store and handle more bits of information / about chess moves / than a human brain can.

체스의 경우, 컴퓨터가 체스 수에 대한 정보를 인간의 두뇌보다 더 많이 저장하고 처리할 수 있음이 증명되었다.

체스의 경우**에**, 증명되었다 / 컴퓨터**가** 더 많은 정보를 저장하고 처리할 수 있다는 것이 / 체스 움직임**에 대해** / 인간의 뇌**가** 할 수 있는 것보다

은·는·이·가	컴퓨터가, 인간의 뇌가
조사의 활용	in ~에, about ~에 대해

27

It is this / that leads many of today's historians to conclude / that the journey must have taken place.

오늘날의 많은 역사가들이 여행이 일어났음에 틀림없다라고 결론 짓도록 이끈 것은 바로 이것이다.

바로 이것이다 / 오늘날의 많은 역사가들이 결론짓도록 이끈 것은 / 여행**이** 일어났음에 틀림없다라고

자주 나오는 핵심 패턴	9번 It~that 강조구문, 11번 조동사 have p.p
은·는·이·가	여행이

* lead 목 to v – 목적어가 to v 하도록 이끌다

28

Wonderful things are especially wonderful the first time / they happen, / but their wonderfulness disappears / with repetition.

멋진 일들은 처음 일어날 때 특히 멋지지만, 반복될수록 그 멋짐은 사라진다.

멋진 일들**은** 특히 멋지다 처음에 / 그것들**이** 일어난 / 그러나 그것들의 멋짐**은** 사라진다 / 반복**과 함께**

은·는·이·가	멋진 일들은, 그것들이, 멋짐은
조사의 활용	with ~와 함께
어떤 어떤 (관계사)	어떤 처음? 그것들이 발생한

29

Some have proposed / that emotions can occur only / I n a social context, / as an aspect of social communication.

일부 사람들은 감정이 사회적 맥락에서만, 즉 사회적 의사소통의 한 측면으로서 발생할 수 있다고 제안한다.

몇몇 사람들은 제안했다 / 감정이 단지 발생할 수 있다고 / 사회적 상황에서 / 즉 사회적 의사소통의 한 측면으로써

은·는·이·가	몇몇 사람들은, 감정이
조사의 활용	in ~에서, as ~로써

30

It can be frustrating / for athletes / to work extremely hard / but not make the progress / they wanted.

운동선수들이 매우 열심히 노력하지만 그들이 원하는 만큼의 진전을 이루지 못하는 것은 좌절감을 줄 수 있다.

좌절감을 줄 수 있다 / 운동선수들이 / 극도로 열심히 노력했다 / 그러나 발전을 이루지 못했다 / 그들이 원했던

자주 나오는 핵심 패턴	1번 가주어, 2번 for 목적격 to v - 주어처럼 이·가로 해석
어떤 어떤 (관계사)	어떤 발전? 그들이 원했던

31

For some ideas, / the ones / that identify us / as members of a group, / we don't reason / as individuals; / we reason / as a member of a tribe.

몇몇 생각들에 대해, 즉 우리를 그룹의 구성원으로서 확인해주는 생각들에 대해, 우리는 개인으로서 생각하지 않는다. 즉 우리는 부족의 구성원으로서 생각한다.

몇몇 생각들에 대해 / 즉 생각들 / 우리를 확인시켜주는 / 그룹의 구성원으로서 / 우리는 생각하지 않는다 / 개인으로서 / 즉 우리는 생각한다 / 부족의 구성원으로서

어떤 어떤 (관계사)	어떤 생각들? 우리를 확인시켜주는
조사의 활용	for ~에 대해, as ~로서

32

We feel deeply threatened / when a new idea challenges the ones / that have become part of our identity.

우리는 새로운 생각이 우리의 정체성의 일부가 된 생각을 도전할 때 깊게 위협받는다고 느낀다.

우리는 깊게 위협받는다고 느낀다 / 새로운 생각이 생각들에 도전할 때 / 우리의 정체성의 일부가 된

은·는·이·가	우리는, 새로운 생각이
어떤 어떤 (관계사)	어떤 생각들? 우리의 정체성의 일부가 된

33

Before classes start, / take a good long look at the classroom / that you have been assigned.

수업이 시작되기 전, 너가 배정받은 교실을 면밀히 살펴봐라.

수업이 시작되기 전 / 교실을 면밀히 살펴봐라 / 너가 배정(할당)받은

은·는·이·가	수업이, 너가
어떤 어떤 (관계사)	어떤 교실? 너가 배정받은 교실

34

The classroom becomes a collaborative space / that belongs to the students / who inhabit it.

교실은 그곳에 머무는 학생들에게 속한 협업의 장소가 된다.

교실은 협업의 장소가 된다 / 학생에게 속하는 / 그곳에 거주하는(머무는)

어떤 어떤 (관계사)	어떤 공간? 학생들에게 속한, (관계사) 어떤 학생들? 그곳에 머무는

35

Little attention was paid / to this threatening development / by the general population / before the 1990s.

이 위협적인 개발에 대해 1990년대 이전에는 일반 대중이 거의 주목하지 않았다.

거의 어떤 관심도 지불되지 **않았다** (주어지지 않았다) / 이 위협적인 개발에 / 일반 대중에 의해 / 1990년대 **전에**

자주 나오는 핵심 패턴	14번 부정어 주어 - little
	*little이나 few가 주어로 쓰일 때에는 일반적으로 '거의 없다'라는 부정어 느낌으로 처리한다.
조사의 활용	to ~에, by ~에 의해, before ~전에

36

Cultural influences / related to identities and difference (/) can lead to distorted self-perceptions, / especially for people / who occupy marginalized or oppressed identities.

정체성 및 차이와 연관된 문화적 영향력은 소외되거나 억압받는 정체성을 가지고 있는 사람들에게 특히 왜곡된 자기 인식을 이끌 수 있다.

문화적 영향력 / 정체성과 차이와 연관된 / 왜곡된 자기 인식을 이끌 수 있다 / 특히 사람들**에게** (사람들에 대해서) / 소외 받거나 억압받는 정체성을 소유한

어떤 어떤 (과거분사)	어떤 영향력? 연관된 ~, (관계사) 어떤 사람들? 소유한
조사의 활용	for ~에 대해, ~에게

37

Some early perception research showed / that minorities do not just passively accept the negative views / society places / on them.

몇몇 초기 인식 연구는 소수집단이 사회가 그들에게 놓은 부정적 관점을 수동적으로 받아들이기만 한 건 아니라는 것을 보여줬다.

몇몇 초기 인식 연구는 보여줬다 / 소수집단이 단지 부정적 관점을 수동적으로 받아들이기만 한 것은 아니라는 것을 / 사회가 놓은 / 그들에게

은·는·이·가	초기 인식연구는, 소수집단이, 사회가
어떤 어떤 (관계사)	어떤 관점? 사회가 놓은
조사의 활용	on ~에게

38

Einstein says / that to discover something new, / the old has to be abandoned.

아인슈타인은 새로운 뭔가를 발견하기 위해 낡은 것들이 버려져야 한다고 말한다.

아인슈타인은 말한다 / 새로운 뭔가를 발견하기 위해 / 낡은 것들이 버려져야 한다고

| 은·는·이·가 | 아인슈타인은, 낡은 것들이 |
| 자주 나오는 핵심 패턴 | 15번 문장 맨 앞의 to부정사 해석 ~하기 위해서 |

39

During the nineteenth century, / most people thought / that physical difference and language were closely connected.

19세기 동안에, 대부분의 사람은 신체적 차이와 언어가 밀접하게 연관되어 있다고 생각했다.

19세기 동안 / 대부분의 사람들은 생각했다 / 신체적 차이와 언어가 밀접하게 연결되어 있다고

| 은·는·이·가 | 사람들은, 언어가 |
| 조사의 활용 | during ~동안 |

40

An example / of how social influences can affect the brain / can be noted / from a study / conducted / by Rainville and his colleagues.

사회적 영향이 어떻게 뇌에 영향을 미칠 수 있는지에 관한 예는 Rainville과 그의 동료들이 수행한 한 연구로부터 알 수 있다.

한 사례는 / 어떻게 사회적 영향이 뇌에 영향을 끼칠 수 있는지의 / 알려질 수 있다 / 한 연구로부터 / 실시된 / Rainville과 그의 동료들에 의해

은·는·이·가	한 사례는, 사회적 영향이
조사의 활용	of ~의, from ~로부터, by ~에 의해
어떤 어떤 (과거분사)	어떤 연구? 실시된
자주 나오는 핵심 패턴	5번 how의 해석 - 어떻게

41

It would have been far better / for those animals / to grow wholly new wings / while retaining their forelimbs.

그 동물들이 앞다리를 유지하면서 완전히 새로운 날개를 자라게 하는 것이 훨씬 더 좋았을 것이다.

훨씬 더 좋았을 것이다 / 그 동물들이 / 완전히 새로운 날개를 자라게 하는 것이 / 그들의 앞다리를 유지하면서(유지하는 동안)

자주 나오는 핵심 패턴	1번 가주어 (it은 해석하지 않는다), 2번 for 목적격 to v ('for 목적격'을 주어처럼 이·가로 해석), 11번 조동사 have p.p (과거사실의 추측)

42

The most basic scientific concept / that is clearly missing / from today's social and political discourse / is the concept / that some questions have correct and clear answers.

오늘날의 사회적, 정치적 담론에서 명백히 결여된 가장 기본적인 과학적 개념은 어떤 질문들이 정확하고 명확한 답을 가지고 있다는 개념이다.

가장 기본적인 과학적인 개념은 / 분명하게 빠져있는 / 오늘날의 사회적, 정치적 담론으로부터 / 개념이다 / 어떤 질문들이 정확하고 분명한 답을 가지고 있다는

은·는·이·가	과학적인 개념은, 어떤 질문들이
어떤 어떤 (관계사)	어떤 개념? 빠져있는
조사의 활용	from ~로부터

43

Communicating emotions / through the written (or typed) word (/) can have advantages / such as time / to compose your thoughts / and convey the details / of what you're feeling.

쓰인(또는 타이핑 된) 글을 통해 감정을 전달하는 것은, 너의 생각을 정리하고 너가 느끼는 것의 세부 사항을 전달할 수 있는 시간 같은 장점을 가질 수 있다.

감정을 전달하는 것은 / 쓰여지는 단어(글)을 통해 / 장점들을 가질 수 있다 / 시간 같은 / 너의 생각을 만들고 / 세부사항들을 전달할 수 있는 / 너가 느끼는 것의

은·는·이·가	전달하는 것은, 너가
어떤 어떤 (to부정사)	어떤 시간? 너의 생각을 만들고 세부사항을 전달하는
조사의 활용	through ~을 통해, such as ~와 같은

44

Things / like facial expressions and tone of voice (/) offer much insight / into emotions / that may not be expressed verbally.

얼굴 표정과 어조 같은 것은 말로 표현될 수 없는 감정에 대해 많은 통찰을 제공한다.

것들 / 얼굴 표정과 목소리 톤과 같은 / 많은 통찰력을 제공한다 / 감정에 / 말로 표현되지 못할지도 모르는

어떤 어떤 (관계사)	어떤 감정? 말로 표현되지 못할지도 모르는
조사의 활용	like ~같은, into ~에

45

Part of the reason was competition: / the high cost of equipment / combined / with circulation wars (/) killed many papers.

그 이유의 일부는 경쟁이었다. 즉, 발행 부수 전쟁과 결합된 높은 장비 비용이 많은 신문을 폐간시켰다.

그 이유의 일부는 경쟁이었다 / **즉**, 장비의 높은 비용 / 결합된 / 발행부수 전쟁**과** / 많은 신문을 죽였다

어떤 어떤 (과거분사)	어떤 장비? 결합된
조사의 활용	with ~와
자주 나오는 핵심 패턴	8번 콜론 - 즉, ~

46

They knew / about their life cycles, / shared that information / with one another, / and collaboratively came up with ideas / about raising their own cattle.

그들은 소의 생애 주기에 대해 알았고, 서로 그 정보를 공유했으며, 자신들의 소 떼 사육에 대한 아이디어를 공동으로 생각해 냈다.

그들은 알았다 / 그들의 생애주기에 대해 / 그 정보를 공유했다 / 서로**와 함께**(서로서로) / 공동으로 아이디어를 생각해 냈다 / 그들 자신의 소떼를 기르는 것**에 대한**

조사의 활용	about ~에 관해, with ~와 함께

47

The selection of specific individuals / to breed / was an initial step / toward modern domestic animals.

번식을 위한 특정 개체들의 선별은 현대 가축으로 나아가는 첫걸음이었다.

특정 개체들의 선택 / 번식을 위한 / 초기 단계였다 / 현대 가축**을 향한**

어떤 어떤 (to부정사)	어떤 특정 개체? 번식을 위한
조사의 활용	toward ~을 향한

48

It is sometimes argued / that the spread of digital technology will serve to equalize opportunity / for small companies.

디지털 기술의 확산이 소규모 기업들에게 기회를 균등하게 하는 데 도움이 될 것이라고 때때로 주장된다.

때때로 주장된다 / 디지털 기술의 확산**이** 기회를 균등하게 하는 데 도움이 된다고 / 작은 회사**를 위한**

은·는·이·가	확산이
조사의 활용	for ~을 위한
자주 나오는 핵심 패턴	1번 가주어 - it은 해석하지 않는다

49
Shopping / at numerous stores (/) isn't necessary / when you know / what the costs of simple substitutions are / in terms of variety and size.

종류와 크기 면에서 간단한 대체품의 비용을 알고 있다면 수많은 매장에서 쇼핑할 필요가 없다.

쇼핑하는 것은 / 수많은 가게에서 / 필요하지 않다 / 너가 알 때 / 간단한 대체품의 비용이 얼마인지를 / 다양성과 크기의 측면(관점)에서

은·는·이·가	쇼핑하는 것은, 너가, 비용이
조사의 활용	at ~에서, in terms of ~의 관점에서

50
In our distant past, / we realized / that mere exposure / to public humiliation / could be used.

먼 옛날, 우리는 공개적인 굴욕에 단지 노출이 되는 것만으로도 (어떤 용도로) 사용될 수 있다는 것을 깨달았다.

우리의 먼 과거에 / 우리는 깨달았다 / 단지 노출이 되는 것만으로도 / 공개적인 굴욕에 / 사용될 수 있다는 것을

은·는·이·가	우리는, 노출이
조사의 활용	in ~에, to ~에

51
We know / that it makes a hiring difference / when we're out recruiting / at universities.

우리는 대학에 채용하러 나갈 때, 그것이 채용에 영향을 미친다는 것을 알고 있습니다.

우리는 안다 / 그것이 고용의 차이를 만든다는 것을 / 우리가 채용하러 나갈 때 / 대학에

은·는·이·가	우리는, 그것이, 우리가
조사의 활용	at ~에

52
We can all become vulnerable / to doubts/ about our belonging / at any given moment.

우리는 모두 어느 주어진 순간에 우리의 소속에 관한 의심에 취약해질 수 있다.

우리는 모두 취약해 질 수 있다 / 의심에 / 우리의 소속에 관한 / 어느 주어진 순간에

조사의 활용	to ~에, about ~에 관한, at ~에

APPENDIX   부록 1 5초 영어 독해 정답

53

A group of psychologists looked at the effects of everyday good and bad events / — getting a compliment / from your boss, bad weather, getting stuck / in traffic, etc.

한 그룹의 심리학자들은 일상의 좋은 일과 나쁜 일, 이를테면 여러분의 상사로부터 칭찬을 받은 것, 악천후, 교통 체증에 걸린 것 등의 영향을 조사했다.

한 그룹의 심리학자들은 일상의 좋은 일과 나쁜 일의 영향을 바라봤다 / 즉, 칭찬을 받는 것 / 너의 사장**으로부터** 그리고 나쁜 날씨, 갇히는 것 / 교통체증**에** 등등

조사의 활용	from ~로부터, in ~에
자주 나오는 핵심 패턴	8번 — 즉, ~

54

People state / that pleasure is always dependent on change / and disappears / with continuous satisfaction, / whereas pain persists / under persisting unpleasant conditions. *persist 지속하다. 계속되다

사람들은 기쁨이 항상 변화에 의존하며 계속되는 만족이 주어지면 사라지는 반면에, 고통은 계속되는 불쾌한 상황 아래에서 지속된다고 말한다.

사람들**은** 말한다 / 기쁨**이** 항상 변화에 달려있다고 / 그리고 사라진다 / 계속되는 만족**과 함께** / 반면 고통**이** 지속된다 / 계속되는 불쾌한 상황 **아래에서**

은·는·이·가	사람들은, 기쁨이, 고통이
조사의 활용	with ~와 함께, under ~아래

* dependent on는 '~에 의존하는, ~에 달려있는'라는 하나의 의미로 끊으면 안 된다.

55

It is desirable / that we develop games / that connect to the learning outcomes / we want / for our students.

우리 학생들을 위해, 우리가 원하는 학습 성과와 연결되는 게임을 개발하는 것이 바람직하다.

바람직하다 / 우리**가** 게임을 개발하는 것이 / 학습 결과와 연결되는 / 우리**가** 원하는 / 학생들**을 위해**

은·는·이·가	우리가 개발한다, 우리가 원한다
어떤 어떤 (관계사 생략)	어떤 학습 결과? 우리가 원하는
조사의 활용	for ~을 위해
자주 나오는 핵심 패턴	1번 가주어 - it은 해석하지 않는다

* connect to는 하나의 뜻으로 끊지 않고 한번에 해석한다.

56

Incorporating sustainable habits / into our lives (/) can be the most fun / when we are doing it / with the people / that surround us.

지속 가능한 습관을 우리 삶에 포함하는 것은 우리가 우리 주변 사람들과 그것을 함께 하고 있을 때 가장 재미있을 수 있다.

지속 가능한 습관을 포함시키는 것**은** / 우리의 삶**으로** / 가장 재미있을 수 있다 / 우리**가** 그것을 할 때 / 사람들**과 함께** / 우리를 둘러싸고 있는

은·는·이·가	포함하는 것은, 우리가
어떤 어떤 (관계사)	어떤 사람? 우리를 둘러싼
조사의 활용	into ~으로, with ~와 함께

57

The findings indicate / that emotional expression is associated / with increased adaptation and growth.

그 발견들은 감정 표현이 적응력과 성장의 향상과 관련이 있다는 것을 가리킨다.

그 발견들은 가리킨다(나타낸다) / 감정 표현이 연관된다고 / 적응력과 성장의 향상과

은·는·이·가	그 발견들은, 감정 표현이
조사의 활용	with ~과(와)

58

The opportunity / to process your emotions / with a trusted friend / will put you / in a better space / from which to tackle the crisis.

신뢰하는 친구와 함께 자신의 감정을 정리할 수 있는 기회는, 위기를 헤쳐 나갈 수 있는 더 나은 상태로 너를 이끌어줄 것이다.

기회 / 너의 감정을 정리할 / 신뢰하는 친구와 함께 / 너를 놓을 것이다 / 더 나은 공간에 / 위기를 다룰 수 있는

어떤 어떤 (to부정사)	어떤 기회? 너의 감정을 정리할, (관계사 from which) 어떤 공간? 위기를 다룰
조사의 활용	with ~와 함께, in ~에

59

By giving an alarm call, / a babbler tells the predator / that it has been spotted.

경고성 울음소리를 냄으로써 꼬리치레는 포식자에게 그것이 발견되었음을 알린다.

경고음을 냄으로써, / 꼬리치레는 포식자에게 말한다 / 그것이 발견되었다고

은·는·이·가	꼬리치레는, 그것이
자주 나오는 핵심 패턴	13번 by ~ing ~함으로써

60

If the prey has already been spotted / by a predator, / giving the call is worthwhile.

만약 먹잇감이 이미 포식자에게 발견되었다면, 울음 소리를 내는 것은 가치가 있다.

만약 먹잇감이 이미 발견되었다면 / 포식자에 의해 / 울음소리를 내는 것은 가치가 있다

은·는·이·가	먹잇감이, 콜을 하는 것은
조사의 활용	by ~에 의해

PART 3

난이도 상
정답

1

Although achieving the appropriate scientific ends is always the necessary goal of a study, / protection of the rights and welfare of human participants must override scientific efficiency.

연구의 적절한 과학적 목표를 달성하는 것이 항상 필요한 목표일지라도, 인간 참가자의 권리와 복지를 보호하는 것은 과학적 효율성을 우선해야 한다.

적절한 과학적 목표를 달성하는 것이 항상 연구의 필요한 목표일지라도 / 인간 참가자의 권리와 복지를 보호하는 것은 과학적 효율성을 우선해야 한다

은·는·이·가	달성하는 것이, 보호는

* of는 웬만하면 끊지 않는 것이 좋지만 위 문장처럼 길 경우에는 끊어가도 상관없다.

2

Children develop theoretical constructs / that separate the motion of clouds / from the motion of people and animals / so that eventually the fear of living clouds disappears.

아이들은 이론적 구성을 발전시켜 구름의 움직임을 사람과 동물의 움직임과 분리하여 결국 살아 있는 구름에 대한 두려움이 사라지게 한다.

아이들은 이론적 구성을 발전시킨다 / 구름의 움직임을 분리하는(구분하는) / 사람과 동물의 움직임으로부터 / 결국 살아있는 구름의 두려움이 사라지게 하기 위해서

은·는·이·가	아이들은, 두려움이
조사의 활용	from ~로부터
어떤 어떤 (관계사)	어떤 구성? 구름의 움직임을 분리하는

APPENDIX   부록 1 5초 영어 독해 정답

3

There is a hidden world of design / around you / if you look closely enough, / but the disharmony of visual noise / in our cities (/) can make it hard / to notice key details.

가까이서 보면 당신 주변에는 디자인이라는 숨겨진 세계가 있지만, 도시의 시각적 소음의 불협화음은 주요 세부 사항을 알아채기 어렵게 만들 수 있다.

디자인의 숨겨진 세계가 있다 / 너 **주변에** / 만약 너**가** 충분히 자세히 살펴보면 / 그러나 시각적 소음의 불협화음 / 우리 도시**에** / 어렵게 만들 수 있다 / 핵심 세부 사항을 알아보는 **것을**

자주 나오는 핵심 패턴	1번 가목적어
은·는·이·가	너가
조사의 활용	around ~주변에, in ~에(서)
to부정사 연결	~것을 (진 목적어)

* but 이하의 주어 the disharmony와 can make가 떨어져 있지만 끊지 않고 매끄럽게 할 수 있으면 그렇게 해도 된다. 끊어 읽기 부분에서 설명했지만 끊어 읽기 9번 법칙은 본인의 실력에 맞게 유연하게 해도 된다.

4

The researchers found / that no postural differences were evident / in the two groups, / but the players / who were pain-free (/) relied heavily on their back and neck muscles.

연구자들은 두 그룹에서 자세의 차이가 명확하지 않았지만, 통증이 없는 선수들은 등과 목 근육에 크게 의존했다는 것을 발견했다.

연구자들은 발견했다 / **어떤** 자세의 차이**도** 분명하지 **않았다는 것을** / 두 그룹**에서** / 하지만 선수들**은** / 통증이 없었던 / 상당히 그들의 등과 목 근육**에** 의존했다

은·는·이·가	연구자들은, 선수들은
조사의 활용	in ~에서, on ~에
어떤 어떤 (관계사)	어떤 선수들? 통증이 없었던
자주 나오는 핵심 패턴	14번 부정어 주어 - 어떤 ~도 ~없다

5

Accurate assessments of farmer and landowner behavior will be made / over time, / and those farmers and landowners / who attempt to gain / at each other's expense will find / that others may refuse to deal with them / in the future.

농부와 토지 소유자의 행동에 대한 정확한 평가는 시간이 지남에 따라 이루어질 것이며, 서로의 손해를 통해 이익을 얻으려는 농부와 토지 소유자들은 다른 사람들이 미래에 그들과 거래를 거부할 수 있음을 알게 될 것이다.

농부와 토지 소유자 행동의 정확한 평가**는** 만들어질 것이다 / 시간**에 걸쳐서** / 그리고 그러한 농부와 토지 소유자들**은** / 이득을 얻으려고 시도하는 / 서로의 손해(희생)**로** / 알 것이다 / 다른 사람**이** 그들과 거래하는 것을 거부할지도 모른다는 것을 / 미래**에**

은·는·이·가	평가는, 그러한 농부들과 땅 주인들은, 다른 사람들이
조사의 활용	over ~에 걸쳐, at ~로(~에서), in ~에
어떤 어떤 (관계사)	어떤 농부와 땅 주인? 이득을 얻으려고 시도하는

* refuse to는 '~하는 것을 거부하다'라는 뜻으로 끊지 않는다.

6

Typically, synthetic ingredients can be made / in a precisely controlled fashion / and have well-defined compositions and properties, / allowing careful evaluation of their potential toxicity.

일반적으로, 합성 성분은 정밀하게 통제된 방식으로 만들어질 수 있으며, 명확한 조성과 특성을 가지고 있어 잠재적 독성을 신중히 평가할 수 있다.

일반적으로, 합성 성분은 만들어질 수 있다 / 정확하게 통제된 방식**으로**(에서) / 그리고 잘 정의된 구성과 특성을 가지고 있다 / 그것들의 잠재적 독성의 신중한 평가를 허용**하면서**

조사의 활용	in ~으로(에서)
자주 나오는 핵심 패턴	3번 ~ing - ~하면서

7

A joint study / conducted / by the Hong Kong University of Science and Chicago University (/) demonstrated / that understanding / why a specific action was chosen (/) helped boost self-discipline.

홍콩 과학대학과 시카고 대학이 공동으로 수행한 연구는 특정 행동이 선택된 이유를 이해하는 것이 자기 훈련을 강화하는 데 도움이 된다는 것을 입증했다.

공동 연구**는** / 실시된 / 홍콩 과학대학과 시카고 대학**에 의해** / 입증했다 / 이해하는 것**이** / 왜 특정 행동**이** 선택되었는지를 / 자기 훈련을 강화하는 것을 도왔다라고 (~는 것을)

은·는·이·가	공동 연구는, 이해하는 것이, 특정 행동이
조사의 활용	by ~에 의해
어떤 어떤 (과거분사)	어떤 공동 연구? 실시된

8

Theorists / in the field of animal ethics (/) often assume / that there is a clear difference / between the suffering / caused / by non-human sources and the suffering / caused / by human beings.

동물 윤리 분야의 이론가들은 종종 비인간적 요인에 의해 발생한 고통과 인간에 의해 발생한 고통 사이에 명확한 차이가 있다고 가정한다.

이론가들 / 동물 윤리의 분야**에** / 종종 가정한다 / 분명한 차이가 있다고 / 고통 / 야기되는 / 비인간적 요인에 의해 / 과 고통 **사이에** / 야기되는 / 인간**에 의해**

조사의 활용	in ~에, between ~ 사이에, by ~ 에 의해
어떤 어떤 (과거분사)	어떤 고통? 야기된

9

California's Air Resources Board found / that even if every car / in the state (/) were electric, and 75 percent of the electricity came from renewable sources, / driving would need to decline/ by 15 percent / for the state to reach its climate goals.

캘리포니아 대기 자원 위원회는 주에 모든 자동차가 전기차이고 75%의 전기가 재생 가능 자원에서 나온다 해도, 기후 목표를 달성하려면 주행은 15% 감소해야 한다는 것을 발견했다.

캘리포니아 대기 자원 위원회는 발견했다 / 비록 모든 자동차**가** / **주에** / 전기차이고 / 전기의 75%**가** 재생 가능한 자원에서 나온다고 할지라도 / 주행(운전)**은** 감소할 필요가 있다 / 15% **정도** / 주**가** 그 것의(주의) 기후 목표에 도달하기 위해

은·는·이·가	대기 자원위원회는, 모든 자동차가, 75%가, 주행은
조사의 활용	in ~에, by ~정도, 만큼(척도)
어떤 어떤 (전치사)	어떤 모든 차? 주에 있는
자주 나오는 핵심 패턴	2번 for 목적격 to v - 주어처럼 이·가로 해석

10

That is why truly improving memory can never simply be / about using memory tricks, / although they can be helpful / in strengthening certain components of memory.

그래서 비록 그것들이 기억의 특정 요소를 강화하는 데 있어서 도움이 될 수 있을지라도 기억력을 진정으로 향상시키는 것은 단순히 기억술을 사용하는 것에 관한 것이 될 수 없다.

그래서 정말로 기억을 향상시키는 것은 절대로 단순히 될 수가 없다 / 기억술을 사용하는 것에 **관한 것이** / 비록 그것들**이** 도움이 될 수 있다 할지라도 / 어떤 기억의 부분들을 강화**하는 데 있어서**

은·는·이·가	향상시키는 것은, 그것들이
조사의 활용	about ~에 관해
자주 나오는 핵심 패턴	13번 in ~ing - ~하는 데 있어서

* 대명사 is why는 '그래서'라고 하면 매끄럽게 연결된다.

11

In general, however, light levels are too low / for plants / to produce large quantities of sugar, / which means / that wild plants / growing/ in the forest (/) contain few nutrients / in comparison with their relatives / growing out / in the open.

그러나 일반적으로 빛의 양은 너무 적어 식물이 많은 양의 당을 생산할 수 없으며, 이는 숲에서 자라는 야생 식물이 열린 공간에서 자라는 친척 식물에 비해 영양분이 적다는 것을 의미한다.

그러나 일반적으로 빛 수준**은** 너무 낮아서 / 식물**이** / 많은 양의 당분을 생산할 수 없다 / 그것은 의미한다 / 야생식물들**이** / 자라는 / 숲에서 / 거의 영양분을 포함하지 않는다는 것을 / 그들의 친척 식물과 비교해서 / 자라는 / 트인 공간**에서**

은·는·이·가	빛 수준은, 그것은, 야생식물들이
조사의 활용	in ~에(에서)
자주 나오는 핵심 패턴	2번 for 목적격 to v - 주어처럼 이·가로 해석

* too to 용법 ~너무 ~해서 ~할 수 없다
* in comparison with ~와 비교해서
* , 뒤에 관계대명사 which는 계속적 용법으로 그냥 앞 문장을 받아서 '그것은'이라고 해주면 무난하다.

12

Esther Duflo, Rema Hanna and Steve Ryan have shown, / through an experiment / conducted / in India, / that teachers react positively / to financial incentives and supervision, / with the result / that students are absent less often / and perform better.

에스더 뒤플로, 레마 하나, 스티브 라이언은 인도에서 실시한 실험을 통해 교사가 재정적 인센티브와 감독에 긍정적으로 반응하며, 그 결과 학생들의 결석률이 감소하고 성적이 향상된다는 것을 보여주었다.

에스더 뒤플로, 레마 하나, 스티브 라이언은 보여줬다 / 한 실험을 **통해** / 실시된 / 인도**에서** / 선생님들**이** 긍정적으로 반응했다고 / 재정적 인센티브와 감독**에** / 결과**와 함께** / 학생들**이** 덜 자주 결석하고 더 잘 수행한다는(성적이 좋다는)

은·는·이·가	에스더~ 는, 선생님들이, 학생들이
조사의 활용	through ~통해, in ~에, to ~에, with ~와 함께
어떤 어떤 (과거분사)	어떤 실험? 실시된, (관계사) 어떤 결과? 학생들이 덜 결석한다는

13

In particular, walls / built / in urban areas, / where human density is higher / and social diversity more accentuated, / have exacted a heavy toll / in terms of political divisions, ecological degradation and human suffering.

특히, 인간 밀도가 높고 사회적 다양성이 더 두드러지는 도시 지역에 세워진 벽들은 정치적 분열, 생태적 악화, 그리고 인간 고통 면에서 큰 대가를 치르게 했다.

특히, 벽들**은** / 지어진 / 도시 지역**에서** / 인간 밀도**가** 더 높고 사회적 다양성이 더 두드러지는 / 큰 고통을 가했다 / 정치적 분열, 생태적 악화, 그리고 인간 고통**의 관점에서**

은·는·이·가	벽들은, 인간 밀도가
조사의 활용	in ~에(서), in terms of ~의 관점에서
어떤 어떤 (과거분사)	어떤 벽? 지어진, (관계사) 어떤 도시 지역? 인간 밀도가 더 높고~

* exact 가하다, 일으키다 *toll 통행료, 대가 *in terms of ~의 관점에서

14

While it has been found / that young children rely exclusively on geometric information / to determine the location of an object / hidden / in a small enclosure, / exclusive use of geometry does not occur / in larger spaces.

어린아이들이 주로 작은 울타리에 숨겨져 있는 물건의 위치를 결정하기 위해 기하학적인 정보에 의존한다는 것이 발견되었지만 기하학의 독점적 사용은 더 큰 공간에서는 일어나지는 않는다.

발견되었지만 / 어린아이들**이** 주로 기하학적 정보에 의존한다는 것이 / 물건의 위치를 결정**하기 위해**(알기 위해) / 숨겨진 / 작은 울타리**에** / 기하학의 독점적 사용**은** 일어나지 않는다 / 더 큰 공간**에서**

은·는·이·가	어린아이들이, 독점적 사용은
조사의 활용	in ~에
어떤 어떤 (과거분사)	어떤 물건? 숨겨진
자주 나오는 핵심 패턴	1번 가주어
to부정사 연결	~결정하기 위해서

APPENDIX   부록 1 **5초 영어 독해 정답**

15

Farmers and landowners develop reputations / for honesty, fairness, producing high yields, / and consistently demonstrating / that they are good at / what they do.

농부와 토지 소유자는 정직함, 공정함, 높은 수확량을 생산하고 자신이 하는 일에 능숙하다는 것을 꾸준히 보여주는 것에 대한 평판(명성)을 쌓는다.

농부와 토지 소유자들은 평판을 발전시킨다 / 정직함, 공정함, 높은 수확량을 생산하고/ 일관되게 보여주는 것에 대해 / 그들이 잘한다는 것을 / 그들이 하는 것(일)에서

은·는·이·가	토지 소유자들은, 그들이, 그들이
조사의 활용	for ~에 대해

* be good at ~을 잘하다

16

In traditional schools, / where philosophy is not present, / students often work / with factual questions, / they learn specific content / listed / in the curriculum, / and they are not required / to solve philosophical problems.

철학이 없는 전통적인 학교에서 학생들은 종종 사실에 기반한 질문을 다루며, 교육과정에 나열된 특정 내용을 배우고 철학적 문제를 해결할 필요가 없다.

전통적 학교에서 / 철학이 존재하지 않는 / 학생들은 종종 사실적인 질문들을 가지고 공부하고 / 그들은 특정 콘텐츠를 배우고 / 목록화된(나열된) / 커리큘럼에서 / 그들은 요구받지 않는다 / 철학적 문제들을 풀도록

은·는·이·가	철학이, 학생들은, 그들은, 그들은
조사의 활용	in ~에(서)
어떤 어떤 (관계사)	어떤 전통적인 학교? 철학이 존재하지 않는, (과거분사) 어떤 콘텐츠? 목록화된
to부정사 연결	~하도록

17

Many marine species / including oysters, marsh grasses, and fish / were deliberately introduced / for food or for erosion control, / with little knowledge of the impacts / they could have.

굴, 습지 풀, 물고기를 포함한 많은 해양 종들은 그것들이 미칠 수 있는 영향에 대한 지식은 거의 없이 음식이나 침식 방지를 위해 의도적으로 도입되었다.

많은 해양 종들은 / 굴, 습지 풀, 물고기를 포함하는 / 고의적으로 도입되었다 / 음식이나 침식 방지를 위해 / 영향의 지식 없이 / 그것들이 가질 수 있는(끼칠 수 있는)

은·는·이·가	해양 종들은, 그것들이
조사의 활용	for ~를 위해, with ~을 가지고 (~'을 가지고' 이지만 뒤에 little이 부정어이므로 '~이 없이'로 가는 것이 매끄럽다)
어떤 어떤 (현재분사)	어떤 해양 종들? 굴~ 포함하는, (관계사 생략) 어떤 영향? 그것들이 끼칠 수 있는

18

Nurses hold a pivotal position / in the mental health care structure / and are placed / at the centre of the communication network, / partly because of their high degree of contact / with patients, / but also because they have well-developed relationships / with other professionals.

간호사는 정신 건강 관리 구조에서 중요한 위치를 차지하며, 환자와의 높은 접촉도뿐만 아니라 다른 전문가들과 잘 발전된 관계를 가지고 있기 때문에 의사소통 네트워크의 중심에 배치된다.

간호사들은 중요한 위치를 차지한다 / 정신 관리 구조**에서** / 그리고 놓여진다 / 의사소통 네트워크의 중심**에** / 부분적으로 그들의 높은 접촉의 정도 **때문에** / 환자**와의** / 뿐만 아니라 그들**이** 잘 발달된 관계를 가지기 때문에 / 다른 전문가들과

은·는·이·가	간호사들은, 그들이
조사의 활용	in ~에(서), at ~에, with ~와(과), because of ~ 때문에

* pivotal 중요한

19

Instinct is often described / as patterns of inherited, pre-set behavioural responses / which develop / along with the developing nervous system / and can evolve gradually / over the generations, / just like morphology.

본능은 종종 발달 중인 신경계와 함께 발전하고 형태학처럼 세대를 거쳐 점진적으로 진화하는 유전적으로 설정된 행동 반응 패턴으로 묘사된다.

본능은 종종 묘사된다 / 물려받은 미리 정해진 행동 반응의 패턴**으로써** / 발전한 / 발달 중인 신경 체계**와 함께** / 그리고 점차 진화하는 / 세대**에 걸쳐** / 형태학**처럼**

조사의 활용	as ~로써, along with ~와 더불어·~와 함께, over ~에 걸쳐, just like ~처럼
어떤 어떤 (관계사)	어떤 행동 반응? 발전하는

* morphology 형태학

20

It is therefore imperative / that frequent audits and proper financial management procedures are instituted / to enable clear monitoring and transparency / in assessing the performance of cooperatives / in their functional roles.

그러므로 협동조합의 기능적 역할 수행을 평가하는 데 있어 명확한 모니터링과 투명성을 가능하게 하기 위해 정기적인 회계감사와 적절한 재무 관리 절차가 제도화되는 것이 필수적이다.

그러므로 필수적(강제적)이다 / 빈번한 회계감사와 적절한 재무 관리**가** 제도화되는 것이 / 깨끗한 모니터링과 투명성을 가능하게 **하기 위해** / 협동조합의 수행을 평가**하는 데 있어서** / 그들(협동조합)의 기능적 역할**에서**

은·는·이·가	재무 관리가
조사의 활용	in ~에(서)
to부정사 연결	~하기 위해서
자주 나오는 핵심 패턴	1번 가주어, 13번 ~in ing - ~하는 데 있어서

* imperative 강제적인   * audit 회계감사   * institute 제도화하다   * cooperative 협동조합

21

Such behavioural methods, / where humans watch / how fellow humans react / when exposed / to a certain brand or product, / manually coding and categorizing their emotions, / are labour intensive, / and consequently are rarely applied / or applied / in small sample sizes.

인간이 다른 인간들이 특정한 브랜드나 제품을 접했을 때 어떻게 반응하는지를 관찰하고, 그들의 감정을 수동으로 코딩하고 분류하는 그런 행동 분석 방법들은 노동 집약적이다. 그래서 결과적으로 거의 적용되지 않거나, 표본 크기가 작은 경우에 적용된다.

그런 행동 분석 방법들은 / 인간들이 관찰하는 / 어떻게 동료 인간들이 반응하는지를 / 노출되었을 때 / 특정 브랜드나 상품에 / 수동으로 그들의 감정을 코딩하고 분류하면서 / 노동 집약적이다 / 그리고 결과적으로 거의 적용되지 않거나 / 작은 표본사이즈에서 적용된다

은·는·이·가	그런 행동 분석 방법들은, 인간들이, 동료인간들이
어떤 어떤 (관계사)	어떤 행동방법? 인간들이 관찰하는
조사의 활용	to ~에, in ~에(서)
자주 나오는 핵심 패턴	3번 ~ing ~하면서

22

If you agree / that changes need to happen / to address climate change, / you are not on the fringe of society, / but in line with the 97 percent of scientists / that agree / climate change is happening.

기후 변화에 대처하기 위해 변화가 필요하다고 당신이 동의한다면, 여러분은 사회의 가장자리에 있는 것이 아니라, 기후 변화가 발생하고 있다는 데 동의하는 97퍼센트의 과학자들과 같은 입장에 있는 것이다.

만약 너가 동의한다면 / 변화가 일어날 필요가 있다는 것에 / 기후 변화에 대처하기 위해 / 너는 사회의 가장자리에 있는 것이 아니라 / 97%의 과학자와 함께 있는 것이다 / 동의하는 / 기후 변화가 일어나고 있다는 것을

은·는·이·가	너가, 변화가, 너는, 기후변화가
어떤 어떤 (관계사)	어떤 과학자? 동의하는
to 부정사 연결	~하기 위해
조사의 활용	on ~에

* not A but B 구문 : A가 아니라 B다 (not on the fringe of society, but in line with the 97 percent of scientists)

PART 3

선택지 해석
정답

> 모의고사 선택지 1번

① the employee / being criticized / for being silent
   침묵한 것 때문에 비판받고 있는 직원

② the peacemaker / who pursues non-violent solutions
   비폭력 해결책을 추구하는 피스메이커

③ the negotiator / who looks for a mutual understanding
   상호 이해를 찾는 협상가

④ the subordinate / who wants to get attention / from the boss
   보스로부터 관심을 받고 싶어하는 부하 직원

⑤ the person / who gets the blame / for reporting unpleasant news
   불쾌한 뉴스를 보고하는 것에 대해 비난 받는 사람

> 모의고사 선택지 2번

① how to get an adequate amount of sleep
   적당한 양의 잠을 얻는 방법

② the role / that sleep plays / in the learning process
   학습과정에서 잠이 하는 역할

③ a new method / of stimulating engagement / in learning
   학습에 참여를 자극하는 새로운 방법

④ an effective way / to keep your mind alert and active
   너의 마음을 민첩하고 활동적이게 하는 효과적인 방법

⑤ the side effects of certain medications / on brain function
   뇌기능에 관한 어떤 약물의 부작용

APPENDIX   부록 1 5초 영어 독해 정답

모의고사 선택지 3번

① Public healthcare: / a co-star, not a supporting actor
공공 건강관리: 공동스타, 뒷받침하는 배우가 아닌

② The historical development of medicine and surgery
의학과 수술의 역사적 발전

③ Clinical care controversies: / what you don't know
임상관리 논쟁: 너가 알지 못하는 것

④ The massive similarities / between different mythologies
다양한 신화들 사이에 엄청난 유사점

⑤ Initiatives / opening up health innovation / around the world
전세계 건강 혁신을 여는 시작

모의고사 선택지 4번

① make you feel bad / about yourself
자신에 대해 기분 나쁘게 만들다

② improve your ability / to deal with challenges
문제(도전)을 다루는 너의 능력을 개선하다

③ be seen / as a way / of asking for another favor
다른 호의를 요청하는 방식으로 여겨진다

④ trick you / into thinking / that you were successful
너가 성공했다고 생각하도록 너를 속인다

⑤ discourage the person / trying to model your behavior
너의 행동을 모델링하려고 노력하는 사람을 막다(낙담시키다)

모의고사 선택지 5번

① source of moral lessons and reflections
도덕적 교훈과 성찰의 원천

② record of the rise and fall of empires
제국의 흥망성쇠의 기록

③ war / against violence and oppression
폭력과 억압에 대항하는 전쟁

④ means / of mediating conflict
갈등을 중재하는 수단

⑤ integral part of innovation
혁신의 필수적인 부분

모의고사 선택지 6번

① ignore / what experts say
전문가들이 말하는 것을 무시한다

② keep a close eye / on the situation
그 상황을 면밀히 주시한다

③ shift our emphasis / from behavior to character
강조점을 행동에서 인격으로 옮긴다

④ focus on appealing to emotion / rather than reason
이성이라기보단 감정에 호소하는 것에 집중한다

⑤ place more importance / on the individual / instead of the group
그룹 대신에 개인에게 중요성을 더 두다

모의고사 선택지 7번

① thinking of breakfast / as fuel/ for the day
아침식사를 그날의 연료로써 생각하는 것

② trying to reflect on pleasant events / from yesterday
어제 유쾌한 사건에 대해 성찰하려고 노력하는 것 (reflect on은 하나의 뜻으로 한번에 해석)

③ handling the most demanding tasks / while full of energy
에너지가 가득 차 있는 동안 가장 힘든 과제를 처리하는 것

④ spending the morning time / improving my physical health
나의 신체적 건강을 향상시키면서 아침 시간을 보내는 것

⑤ preparing /at night /to avoid decision making / in the morning
밤에 준비하는 것 아침에 결정하는 것을 피하기 위해

모의고사 선택지 8번

① cultural differences / in honoring war victims
전쟁 희생자들을 기리는 데에 문화적 차이

② benefits /of utilizing sound and motion / in warfare
전쟁에서 소리와 동작을 이용하는 것의 이점

③ functions of music / in preventing or resolving conflicts
갈등을 예방하거나 해결하는 데 음악의 기능

④ strategies / of analyzing an enemy's vulnerable points / in war
전쟁에서 적의 취약점을 분석하는 전략

⑤ effects of religious dances / on lowering anxiety / on the battlefield
전쟁터에서 걱정을 낮추는 것에 관한 종교적 댄스의 영향

모의고사 선택지 9번

① Cycling contributes to a city's atmosphere and identity
사이클링이 도시의 분위기와 정체성에 기여한다

② The rise of cycling: / a new status symbol of city dwellers
사이클의 증가: 도시 거주자들의 새로운 지위 상징

③ Cycling is wealth-building / but worsens social inequality
사이클은 부를 만들지만 사회적 불평등을 악화시킨다

④ How to encourage and sustain the bicycle craze / in urban areas
도시 지역에서 자전거 열망을 지속하고 장려하는 방법

⑤ Expanding bike lane networks can lead to more inclusive cities
자전거 도로 네트워크를 확장하는 것은 더 포용적인 도시를 이끈다

모의고사 선택지 10번

① Fear and uncertainty can be damaging
공포와 불확실성은 피해를 줄 수 있다

② Unaffordable personal loans may pose a risk
여유 없는 사람의 대출은 위험을 제기할지도 모른다

③ Ignorance / about legal restrictions (/) may matter
법적 제한을 모르는 것이 문제가 될 수 있다

④ Accurate knowledge of investors can be poisonous
투자가들의 정확한 지식은 독이 될 수 있다

⑤ Strong connections / between banks (/) can create a scare
은행 사이에 강한 관계는 두려움을 만들 수 있다

모의고사 선택지 11번

① sidestep the dreaded negative sign
두려운 부정적 신호를 피한다

② resolve stock market uncertainties
주식시장의 불확실성을 해결한다

③ compensate for complicated calculating processes
복잡한 계산 과정을 상쇄시켜준다 (compensate for 하나의 뜻으로 한번에)

④ unify the systems / of expressing numbers / below zero
0미만의 숫자들을 표현하는 시스템을 통합한다

⑤ face the truth / that subtraction can create negative numbers
빼기가 음수를 만들 수 있다는 사실을 마주해라

모의고사 선택지 12번

① distort the interpretation of the medical research results
  의학 연구결과의 해석을 왜곡한다
② isolate the effects of the specific variable / being studied
  연구되는 특정변수의 영향을 분리한다
③ conceal the purpose of their research / from subjects
  피실험자들로부터 연구의 목적을 숨긴다
④ conduct observational studies / in an ethical way
  관찰 연구를 실시한다 윤리적인 방법으로
⑤ refrain from intervening / in their experiments
  그들의 실험에 개입하는 것을 삼가한다 (refrain from 삼가다, 막다)

모의고사 선택지 13번

① spending time and money / on celebrating perfection
  완벽함을 찬양하는 데에 시간과 돈을 쓰는 것
② suggesting cost-saving strategies / for a good cause
  좋은 대의를 위해 비용을 아끼는 전략을 제안하는 것
③ making a difference / as best as the situation allows
  상황이 허락하는 한 최선을 다해 차이를 만드는 것
④ checking your resources / before altering the original goal
  원래 목표를 바꾸기 전에 너의 자원을 확인하는 것
⑤ collecting donations / to help the education of poor children
  가난한 아이들의 교육을 돕기 위한 기부를 모으는 것

모의고사 선택지 14번

① benefits of eating whole fruit / on the brain health
  통과일을 먹는 것의 이점 뇌 건강에
② universal preference / for sweet fruit/ among children
  아이들 사이에 달콤한 과일에 대한 보편적인 선호
③ types of brain exercises / enhancing long-term memory
  장기 기억을 높여주는 뇌 운동의 종류
④ nutritional differences / between fruit and processed carbs
  과일과 가공 탄수화물 사이에 영양적 차이
⑤ negative effect of fruit overconsumption / on the cognitive brain
  과일 과섭취의 부정적 영향 인지적 뇌에 끼치는

APPENDIX   부록 1 5초 영어 독해 정답

모의고사 선택지 15번

① Stop judging others / to win the race of life
삶의 경주에서 이기기 위해 다른 사람을 판단하는 것을 멈춰라

② Why disappointment hurts more than criticism
왜 실망감이 비판보다 상처가 되는지

③ Winning vs. losing: / a dangerously misleading mindset
승리 대 패배: 위험할 정도로 잘못 이끌어지는 마음가짐

④ Winners / in a trap: / too self-conscious / to be themselves
덫에 빠진 승자: 너무 자기 의식적이어서 스스로가 되지 못하는 (too to용법)

⑤ Is honesty the best policy / to turn enemies into friends?
적을 친구로 돌리는데 정직이 최고의 정책일까?

모의고사 선택지 16번

① simplified the web design process
웹디자인 과정을 단순화했다

② resulted in no additional cash inflow
어떤 추가적인 현금 흐름을 야기하지 못했다 (resulted in 야기하다 - 한번에 끊지 않고 해석)

③ decreased the salaries of the employees
직원들의 월급을 감소시켰다

④ intensified competition / among companies
회사 사이에 경쟁을 강화했다

⑤ triggered conflicts / on the content of web ads
웹 광고의 컨텐츠에 갈등을 유발했다

모의고사 선택지 17번

① be a large enough group / to be considered a society
사회라고 여겨질 정도의 충분히 큰 그룹이 된다

② have historical evidence / to make it worth believing
역사적 증거를 가진다 그것을 믿을 가치가 있게 하기 위해

③ apply their individual values / to all of their affairs
모든 그들의 일에 그들의 개별적 가치를 적용한다

④ follow a strict order / to enhance their self-esteem
그들의 자부심을 높이기 위해 엄격한 질서를 따른다

⑤ get approval / in light of the religious value system
승인을 받는다 그들의 종교적 가치 시스템의 관점에서

모의고사 선택지 18번

① complex organisms are superior to simple ones
   복잡한 유기체가 단순한 유기체보다 우월하다 (superior to ~보다 우수한)

② technologies help us survive extreme environments
   기술은 우리가 극한의 환경에서 생존하게 돕는다

③ ecological diversity is supported / by extreme environments
   생태학적인 다양성은 극한의 환경에 의해 지지된다

④ all other organisms sense the environment / in the way / we do
   모든 다른 유기체들은 우리가 하는 방식으로 환경을 감지한다

⑤ species adapt to environmental changes / in predictable ways
   종들은 환경변화에 적응한다 예측 가능한 방식으로

모의고사 선택지 19번

① have utterly disrupted our complex food supply chain
   우리의 복잡한 식량 공급망을 완전히 붕괴시켰다

② have vividly witnessed the rebirth of our classic recipes
   생생하게 우리의 고전적인 레시피의 재탄생을 목격했다

③ have completely denied ourselves access / to healthy food
   완벽하게 우리 스스로에게 건강한 음식에 접근을 거부했다

④ have become totally confused / about our distinctive food identity
   완전히 혼란스러워진다 우리의 분명한 음식 정체성에 대해

⑤ have fully recognized the cultural significance of our local foods
   완전히 우리의 지역음식의 문화적 중요성을 인식했다

모의고사 선택지 20번

① difficulties / in finding meaningful links / between disciplines
   과목들 사이에 의미 있는 관계를 찾는 것에 어려움

② drawbacks / of applying a common language / to various fields
   공통의 언어를 다양한 분야에 적용하는 것의 단점

③ effects / of diversifying the curriculum / on students' creativity
   커리큘럼을 다양화하는 것의 영향 학생들의 창의성에 끼치는

④ necessity / of using a common language / to integrate the curriculum
   공통의 언어를 사용하는 것의 필요성 커리큘럼을 통합하기 위한

⑤ usefulness / of turning abstract thoughts / into concrete expressions
   추상적인 생각을 구체적인 표현으로 바꾸는 유용함
   *of ~ing는 보통 앞에 명사를 수식한다. 물론 '~의'로 해석해도 괜찮다. 좀 더 자연스러운 것으로 사용하면 된다.

APPENDIX   부록 1 5초 영어 독해 정답

모의고사 선택지 21번

① Original meanings of words fade / with time
　단어의 원래 의미는 시간과 함께 사라진다
② Dictionary: / a gradual continuation of the past
　사전: 과거의 점차적인 연속
③ Literature: / the driving force / behind new words
　문학: 새로운 단어 이면의 원동력
④ How can we bridge the ever-widening language gap?
　어떻게 우리가 계속해서 확대되는 언어 차이를 연결할 수 있을까?
⑤ Language evolution makes even shakespeare semi-literate!
　언어 진화는 심지어 셰익스피어도 반 문맹으로 만든다

모의고사 선택지 22번

① the high dependence on others
　다른 사람에 대한 높은 의존 (depend이나 dependence나 on이 항상 같이 다님)
② the obsession / with our inferiority
　우리의 열등감에 대한 집착
③ the increasing closing of the mind
　마음의 증가하는 차단
④ the misconception / about our psychology
　우리의 심리학에 대한 오해
⑤ the selfdestructive pattern of behavior
　행동의 자기 파괴적인 패턴

모의고사 선택지 23번

① majority rule should be founded / on fairness
　주된 규칙은 공정함에서 창설되어야 한다
② the crowd is generally going / in the right direction
　군중은 일반적으로 올바른 방향으로 간다
③ the roles of leaders and followers can change / at any time
　리더와 추종자의 역할은 언제든 바뀔 수 있다
④ people behave /in a different fashion / to others/ around them
　사람들은 행동한다 그들 주변에 다른 사람들에게 다양한 방식으로
⑤ there is a huge difference / between acceptance and intelligence
　수용과 지능 사이에 커다란 차이가 있다

APPENDIX

부록 2
영어 독해
5초 정리

6가지 장애물 덩어리

장애물 1

접속사

접속사는 문장과 문장을 이어주는 품사라서 문장이 길어집니다. 대등 접속사(동등한 문장 성분을 연결) and, but, or, so, for 등과 종속접속사(주절과 종속절을 연결) if, when, as, while, although, though, because, that, after, before 등이 있습니다.

장애물 2

관계사

관계사는 앞의 명사를 꾸며주는 역할을 주로 합니다. 따라서 자연스럽게 관계사가 붙으면 문장이 길어집니다. 관계사에는 관계대명사 what, that, which, who, whose 등과 관계부사 where, when, how, why 등이 있습니다.

장애물 3

전치사

영어 문장에서 전치사는 필수적인 요소입니다. 전치사는 문장을 자연스럽게 연결하고 확장시키는 역할을 합니다. 한국어의 조사처럼, 영어의 전치사는 문장을 매끄럽게 이어주는 중요한 문법 요소로 in, on, at, with, of, into, for, over, as, during, beyond, after, before 등이 있습니다.

장애물 4

to부정사

to부정사는 문장 안에서 동사를 제외한 명사, 형용사, 부사 역할을 하기 때문에 문장이 길어집니다.

장애물 5

현재분사(υ-ing)

현재분사는 동사 원형에 '~ing'를 붙인 형태로 문장에서 형용사로 사용되며, 어떤 행동을 하고 있는 상태를 나타냅니다. 이런 현재분사가 붙어서 문장이 길어집니다.

장애물 6

과거분사(υ-ed)

과거분사는 문장에서 어떤 동작이 끝나서 남아 있는 상태를 의미하는 형용사로 사용되며, 이러한 과거분사가 붙어서 역시 문장이 길어집니다.

끊어 읽기 법칙 1, 2, 3, 4, 5, 6

6가지 장애물 덩어리 앞에서 끊어 읽기

끊어 읽기 법칙 1 **기본문(1~5형식) / (접속사)**
문장과 문장을 이어주는 접속사 앞에서 끊어줍니다.

끊어 읽기 법칙 2 **기본문(1~5형식) / (관계사)**
앞의 명사를 꾸며주는 관계사 앞에서 끊어줍니다.

끊어 읽기 법칙 3 **기본문(1~5형식) / (전치사)**
문장을 자연스럽게 연결하고 확장시키는 전치사 앞에서 끊어줍니다.

끊어 읽기 법칙 4 **기본문(1~5형식) / (to ʋ)**
동사를 변형하여 명사, 형용사, 부사 역할을 하는 to부정사 앞에서 끊어줍니다.

끊어 읽기 법칙 5 **기본문(1~5형식) / (현재분사 ʋ-ing)**
동사 원형에 '~ing'를 붙여 문장에서 형용사로 사용되는 현재분사 앞에서 끊어줍니다.

끊어 읽기 법칙 6 **기본문(1~5형식) / (과거분사 ʋ-ed)**
어떤 동작이 끝나서 남아 있는 상태를 의미하는 형용사로 사용되는 과거분사 앞에서 끊어줍니다.

끊어 읽기 법칙 7, 8, 9

6가지 장애물 덩어리 이외에 끊어야 할 자리 3곳

끊어 읽기 법칙 7 **명사 / 주어 ⊕ 동사**

관계사가 생략되어 있는 곳에서 끊어줍니다.

끊어 읽기 법칙 8 **동사 / 주어 ⊕ 동사**

접속사가 생략되어 있는 곳에서 끊어줍니다.

끊어 읽기 법칙 9 **주어 ~~~~ / 동사**

주어와 동사가 멀리 떨어져 있을 때 동사 앞에서 끊어줍니다.

이어 읽기 법칙 1

주어를 해석하는
<은·는·이·가 법칙>

접속사나 관계사가 없는
문장의 주어 (주절)

'은·는'으로 해석

접속사나 관계사가 이끄는
문장의 주어 (종속절)

'이·가'로 해석

이어 읽기 법칙 2

전치사를 매끄럽게 해석하는
<조사의 활용 법칙>

우리말의 조사 역할을 하는 '전치사'를 매끄럽게 연결하는 것입니다. 전치사를 매끄럽게 연결하기 위해선, 가장 먼저 전치사가 각 문장에서 어떻게 쓰이는지에 대한 배경지식이 필요합니다.

❶	of	~의 (보통 '뒤의 것의 앞의 것')
❷	to	~에, ~에게, ~으로
❸	as	~로써, ~처럼
❹	in	~에, ~안에
❺	at	~에
❻	for	~위해, ~대해, ~동안
❼	from	~로 부터
❽	with	~와 함께, ~을 가지고
❾	on	~에, ~위에, ~에 관하여
❿	by	~에 의해, ~까지
⓫	over	~에 관한, ~위로, ~를 넘어, ~동안, ~보다

이어 읽기 법칙 3

수식어 문장을 해석하는
<어떤 어떤 법칙>

영어 문장의 특징 중 하나는 뒤의 것이 앞을 것을 꾸며 주면서 문장이 길어진다는 겁니다. 즉, 앞에 있는 것을 뒤에 있는 관계사, 전치사, 분사, to부정사 등이 꾸며주면서 말꼬리를 잡고 늘어지듯이 문장이 길어집니다.

영어 문장을 읽을 때 '어떤 무엇, 어떤 무엇' 하는 식으로 앞의 것을 뒤의 것이 설명해 준다는 것을 기억하며 독해하시기 바랍니다.

이어 읽기 법칙 4
자주 나오는
<문장 해석의 15가지 핵심 패턴>

❶	it ~ to v / that절	it 해석하지 않음
❷	for 목적격 to v	주어처럼 '이·가'로 해석
❸	, ~ing	~하면서
❹	as의 해석	~때문에, ~할 때, ~로서, ~처럼
❺	How의 해석	어떻게, 얼마나
❻	as 원급 as	뒤의 as만 '~처럼, ~만큼'
❼	with ⊕ 목적어 ⊕ 분사	~하면서, ~한 상태로
❽	, 명사 or 명사 ―;:	즉, ~무엇 무엇
❾	It ~ that 강조구문	that 이하 한 것은 바로 ~이다
❿	find의 해석	알다, 생각하다
⓫	조동사 ⊕ have p.p	과거 사실의 추측, 후회 등
⓬	A and / or B 법칙 (병렬의 법칙)	둘 중 하나만 해석
⓭	in ~ing, by ~ing	~하는 데 있어서, ~함으로써
⓮	부정어 주어	어떤 ~도 ~없다
⓯	문장 맨 앞의 to부정사	~하는 것은, ~하기 위해서

문장이 읽히는 5초 영어독해

1쇄 발행 2025년 7월 21일

지은이　　박정규(JK English)

펴낸이　　임형경
펴낸곳　　라즈베리
마케팅　　김민석
편집　　김단, 김재현
디자인　　렐리시
등록　　제2014-33호
주소　　(우 01363) 서울 도봉구 해등로 286-5, 101-905
대표전화　02-955-2165
팩스　　0504-088-9913
홈페이지　www.raspberrybooks.co.kr
ISBN　　979-11-87152-42-2 13740

이 책은 저작권법에 의해 보호를 받는 저작물이므로 무단 전재와 복제, 전송을 금합니다.
저자와 협의하여 인지를 생략합니다.
잘못 만들어진 책은 구입처에서 교환해 드립니다.